광장의 법칙

광장의 법칙
머리띠 두르고 백전백승을 거두는 정치의 기술

지은이 한병진

1판 1쇄 펴냄 2019년 12월 13일

펴낸곳 곰출판
출판신고 2014년 10월 13일 제406-251002014000187호
전자우편 walk@gombooks.com
전화 070-8285-5829
팩스 070-7550-5829

ISBN 979-11-89327-04-0

이 도서의 국립중앙도서관 출판예정도서목록(CIP)은 서지정보유통지원시스템 홈페이지 (http://seoji.nl.go.kr)와 국가자료종합목록 구축시스템(http://kolis-net.nl.go.kr)에서 이용하실 수 있습니다. (CIP제어번호 : CIP2019047326)

이 저서는 2017년 대한민국 교육부와 한국연구재단의 지원을 받아 수행된 연구이다. (NRF-2017S1A5A01023540)

광장의
법칙

한병진 지음

머리띠 두르고
백전백승을 거두는
정치의 기술

곰출판

차례

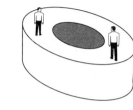

광장정치의 도를 묻다

우리는 종종 불평등과 부조리에 분개하기도 하지만 '소확행'이야말로 행복한 삶의 길이라 되새기면서 일상의 소소한 즐거움을 추구한다. 세상의 부당함에 목소리를 높이기도 하지만 이내 세상은 원래 그런 것이라며 자신의 소소한 꿈을 붙든 채 일상 속으로 몰입하거나 숨는다. 이렇듯 우리는 대부분 열정과 냉소 사이를 오락가락한다. 이런 와중에 자신의 손이 아니라 남의 손을 빌려 문제를 해결(차도살인借刀殺人)하려는 동료는 수많은 질책과 세상에 대한 불평을 쏟아낸다. 이래라저래라, 구하지도 않은 조언의 가면을 쓴 '지적질'에 울화가 터지곤 한다.

수많은 당위를 쏟아내는 태도와 위선에 우리는 지쳐간

다. 아무 생각 없이 모순된 조언을 마구 던져대는 이들의 자가당착을 일깨울 수도 없는 노릇이다. 자가당착에 빠진 자는 이미 인지적으로 많은 어려움을 겪고 있다. 조언을 쏟아내는 자들은 세상을 안다고 자부한다. 자신의 작은 사회적 성공으로 확신에 찬 이들은 어찌할 도리가 없다.

지적은 난무하지만 설득은 드물다. 담판으로 누군가를 설복시킨 경험은 거의 없을 것이다. 혹은 누군가 이런저런 이유로 그저 설복당한 척하거나 처음부터 설복당할 준비가 되어 있던 건지도 모른다. 좋아하는 프로야구팀만큼은 아니지만 지지하는 정당은 좀처럼 바뀌지 않는다. 한 번의 논쟁으로 상대방의 정치적 신념을 바꾸겠다는 허황된 꿈 때문인지, 정치 이야기는 자주 말싸움으로 끝난다. 한 사람의 생각을 바꾸기도 어려운데 세상을 바꾼다는 건 얼마나 어려울까? 끔찍한 마음이 든다.

그렇다고 정치를 내팽개칠 수도 없는 노릇이다. 정치는 시간이 흐름에 따라 산이 깎이고 낮은 곳이 퇴적물로 높아지는 자연의 조화가 발생하는 곳이 아니다. 정치는 국가부터 조그마한 조직 단위까지 모든 곳에서 일어나는 싸움이다. 일대일의 주먹질과 달리 정치는 상대편보다 내 편을 더 많이 만들어야 이긴다. 내 편과 상대편의 배분 상태(비율이나 차이로 표현할 수 있다)인 세勢가 싸움을 결정한다.[1]

정치의 본질을 싸움으로 보는 필자의 생각에 반하는 매우 유명한 정의가 있다. 데이비드 이스턴David Easton은 정치를 자원의 권위적 배분authoritative allocation of value으로 정의한다.[2] 이는 정치를 너무나 온순하게 바라보는 시각이다. 정치란 권위적 분배를 넘어 뺏고 뺏기는, 때때로 죽고 죽이는 싸움이다. 사람들은 돈을 어떻게 벌 수 있는가? 많은 이들이 열심히 일해서 돈을 모을 수 있다고 답한다. 틀린 말도 아니다. 그렇지만 다른 방법이 있다. 다른 이의 돈을 뺏으면 된다. 힘 있는 자가 힘없는 자의 것을 뺏는 일은 많은 나라에서 비일비재하다.

뺏고 뺏기는 싸움인 정치는 속성상 승자독식이다. 화투판과도 같다. 그렇지만 화투와 아주 다른 점이 있다. 화투판에서의 승산은 이전 판의 영향을 받지 않는다. 각각의 판이 독립적이다. 학습을 통해 나의 도박 실력이 순식간에 상승하지 않는 이상 내가 이전 게임을 이겼다고 해서 다음 판의 승산이 증가하지 않는다. 그런데 정치판에서는 각각의 전투가 독립적이지 않다. 한 번의 전투에서 승리한 자는 다음 전투에서 승리할 확률이 더욱 높아진다. 이로 인해 승자와 패자의 차이는 시간이 갈수록 커지는 경향이 있다. 역사의 대부분의 시간 동안 정치에서 역전승은 거의 없었다.

처음부터 보살피지 않으면 정치는 어느 사이 크게 길을

벗어날 수 있다. 내버려두면 꼬리에 꼬리를 무는 방식으로 정치 실서는 가파르게 나락으로 곤두박실친다. 이 때문에 가끔은 정치 혐오에 빠지지만 정치를 내팽개칠 수는 없다. 우아하게 떠다니기 위해 물속에서 쉴 새 없이 두 발을 저어야 하는 백조처럼 민주주의는 시민의 발로 끊임없이 움직여야 한다. 유럽 여기저기서 발흥하고 있는 극우주의를 보면 민주주의가 급진적 공격에 얼마나 취약한지를 새삼 느낄 수 있다. 비행기가 이륙하고 나면 조종실의 자동 조종 장치는 거의 매초 경로를 조금씩 조정하면서 비행기를 목적지로 보낸다. 이 노력이 없다면 비행기는 경로를 이탈하여 위험한 지경에 이를 수 있다. 민주주의도 마찬가지이다. 우리는 조금씩 이쪽저쪽으로 방향타를 조종하면서 민주주의라는 경로로 계속해서 사회를 이끌어가야 한다.

민주주의는 어렵다. 우리의 인간적인 약점이 민주주의에 잘 부합하지 않기 때문이다. 쉽게 믿고, 쉽게 복종하고, 다수에 큰 영향을 받고, 위험을 회피하려는 자세는 민주주의에 도움이 되지 않는다. 그런 사람은 열심히 생각하거나 신중히 판단하지 않는다. 통념과 여론에 흔들리지 않는 회의주의자는 드물다. 간혹 들려오는 이들의 의심은 인기가 없다. 바쁘게 살아가는 많은 시민은 권위가 있다고 믿는 사람이나 기관의 말을 별다른 의심 없이 믿어버린다. 길을 가다 몇몇 사람이 하늘을 보고 있으면 다른 사람도 하늘을 열심히 바라본다. 그 덕분에 옆을 지나가던 사람 역시 하늘을 유심히 바라본다. 우리의 자유는 독창성이 아니라 모방으로 이어지고, 우리 모두는 다수를 열렬히 따라간다. 변화에 적극적으로 대처하기보다는 변화로 잃어버릴 것에 대한 안타까움에 이러지도 저러지도 못한다. 자율, 주체, 독립이라는 당위적 가치와 우리의 실제 모습 사이에 커다란 틈이 있는 듯하다.

조금만 방심하면 타락하는 것이 민주주의지만 민주주의는 위력적이다. 전쟁의 역사를 보면 민주주의가 독재보다 강하다. 서구의 많은 강대국이 민주주의 국가인 것은 우연이 아니다. 제도주의 경제학에서는 민주주의가 서구 자본주의 발전의 초석이라고 주장한다.[3] 영국 자본주의가 발생하기 이전에 영국 의회가 있었다. 민주주의의 위력을 증명한 의외의 집단은 해적이다. 주인 없는 배를 함께 운영하는 해적들은 선장의 권력 남용을 막는 민주적 장치를 마련하고 성심성의껏 싸워 권위주의적으로 운영되는 정부와 민간 함선을 격파했다.[4] 민주주의는 관리하기 어렵지만 우리를 강하게 만드는 훌륭한 제도이다.

민주주의는 야수적 속성을 지닌 국가권력을 통제할 유일한 방법이다. 법치의 잠금장치가 부실한 국가권력과 이를 차지한 정치인의 인간적인 약점은 주위 사람이 아니라 수백민 명, 수천만 명을 불행하게 만든다. 국가는 애초에 공공재를 공급하기 위해 만들어진 조직이 아니다. 폭력에 능숙한 소수가 다수 약자를 지배하기 위해 만든 조직이다. 한반도에 최초로 국가를 세운 단군왕검이 기골이 장대했다는 이야기는 아마도 사실이 아닐까 싶다. 현대 민주주의 사회가 되고 나서야 국가는 시민의 감시와 통제 덕에 공공재를 공급할 수밖에 없는 조직이 된 것이다. 시민의 정치적 저항이 없다면 폭력을 독점한 국가를 담당하는 이는 나쁜 유혹에 빠질 수밖에 없다.

그렇다면 민중의 이름으로 자신의 역사적 정당성을 믿고 불의에 대항해 한 치의 두려움 없이 전진하는 것, 즉 닥치고 투쟁하는 것이 능사인가? 세상을 바꾸고자 하는 이들은 인간에 대한 깊은 신뢰와 애정을 갖고 있음을 주장하고, 스스로 이를 믿어 의심치 않는다. 자신이 내건 고고한 잣대는 "모두 까기"에 참으로 편리하다. 하지만 인간에 대한 터무니없는 기대는 결국 모두에 대한 혐오와 독선으로 우리를 숨 막히게 하고, 개혁가를 정치적 실패의 구렁으로 몰아간다. 심훈의 『상록수』에 나오는 브나로드 В народ(인민 속으로) 운동의 역사가 그러했다. 제정러시아의 인텔리겐치아 집단인 젊은 대학생들은 농촌으로 내려가 농민계몽운동을 펼친다. 하지만 이내 차르를 맹신하는 문맹의 러시아 농민들에 크게 실망한다. 정치적 미성숙아는 급진주의자로 돌변해 전위당 노선을 채택하고 인민의지당(나르드나야볼랴Народная воля)을 만들어 대중을 배제한 테러리즘에 매달린다. 그리고 대중을 철저히 경멸한다.『무엇을 할 것인가Что делать』라는 블라디미르 레닌Vladimir Lenin의 고전적 팸플릿에서 '우리는 맞고 나머지는 완전히 틀렸다'는 독선에 찬 독설의 진수를 접할 수 있다. 그리고 마침내 공산 독재가 러시아에 탄생한다. 역사의 정답을 알고 있다고 믿는 소수의 혁명가는 자주 민주주의를 내팽개친다. 민중을 위한 정부를 세우려다 민중에 의한 정부가 사라진다.

급진적 이데올로기와 과격한 행동을 피하고 정치를 현명하게 다루려면 인간에 대한 균형 잡힌 시각이 필요하다. 인간의 본성은 한마디로 어중간하다. 우리 대부분은 적당히 착하고 적당히 이기적이다. 적당히 똑똑하고 적당히 멍청하다. 닫혀 있는 방문을 열 만큼 나쁘지도 않지만 활짝 열려 있는 방 안을 유심히 쳐다볼 만큼은 나쁘다. 조금이라도 자신에게 손해가 오면 짜증 내고 다툴 태세를 보이면서, 가끔은 대의를 위해 거리에 나갈 만큼 시민의식을 지니고 있다. 우리 모두의 자화상이다.[5]

우리가 만들어내는 너무나 인간적인 정치의 작동 원리

를 이해하는 것이 정치적 현명함의 전제이다. 싸우지 않고 적을 굴복시키는 것이 최고(부전이굴인시병선시선不戰而屈人之兵善之善)라는 손자孫子의 부전승 정신에서 우리는 가열찬 투쟁이 능사가 아님을 감지할 수 있다. '싸움을 위한 싸움'이 아니라 최소 비용으로 이기는 싸움을 하라는 손자의 가르침을 실천하려면 먼저 정치의 작동 원리를 미시적으로 이해할 필요가 있다. 베버의 유명한 말처럼, 결과에 책임을 지는 정치를 위해 우리는 광장이 어떻게 작동하는지 살펴야 한다.

많은 정치학 관련 서적은 역사적 사건을 나열하고, 주로 구조적 원인을 언급하면서 몇 가지 교훈을 던지는 것으로 마무리한다. 이러한 분석은 구체적 전략과 전술에 대한 지침을 도출하지 못한 채 그저 '잘하자' 하는 당위적 주장에 머무는 경우가 종종 있다.

이 책에서 필자는 현대 사회과학 이론이 허용하는 한 미시적인 수준으로 내려가서 광장정치의 본질인 싸움과 투쟁의 작동 과정을 고찰하고, 이를 바탕으로 승리의 전략과 전술을 제시하고자 한다. 일상을 살아가는 평범한 소시민이 가끔은 다른 이들과 함께 좀더 나은 세상을 만들어보겠다는 소망을 가질 때 품을 만한 질문들을 고민하고 있다. 단순히 정치적 의사를 표현하는 것 이상으로 이기고 싶은 이들에게 도움이 되기를 바라는 심정이다.

세상은 아주 조금씩 나아진다. 너무나 느리고 완만하게 구부러지는 곡선이기에 우리가 느끼지 못할 뿐이다.[6] 대륙판의 이동처럼 말이다. 한 사람 한 사람의 삶은 역사의 도도한 물결을 목격하기에는 너무나 짧다. 그런데 누군가는 꿈을 꾼다. 분명 좀더 나은 세상을 만들겠다는 생각은 성공 확률이 낮고, 품은 많이 들고, 보상은 뚜렷하지 않은 꿈이다. 그런데 여전히 세상을 바꿀 수 있다고 믿을 만큼 "미친 자"들이 있다. 이들이 피할 수 없는 광장의 법칙이 있다.

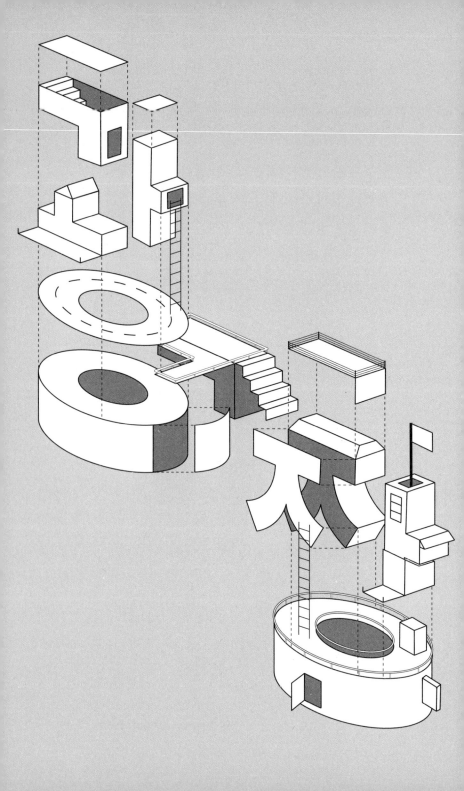

I

광장의
원리

1 ────────────────────────────

승자독식의 정치와 체증곡선

세상사가 복잡하다 하지만 몇 가지 그래프로 단순화할 수 있다. 직선, 체감곡선, 반달(포물선)곡선, 체증곡선이 대표적이다. 직선 그래프를 제외하고 다른 곡선은 매우 흥미로운 함의를 우리에게 제시한다. 이 중 광장의 작동 원리를 이해하기 위해 우리는 비선형 곡선의 하나인 체증곡선의 특성을 자세히 이해할 필요가 있다.

흔히 자신도 모르게 가정하는 그래프가 직선이다. 직선은 두 변수가 모든 구간에서 일정한 비율로 변한다. 잠깐 생각해 보자. 복지국가 스웨덴이 경제 발전을 위해 복지 혜택을 줄이고 있으니 우리나라도 복지 혜택을 줄여 경제 발전을 달성하자는 주장을 시장 자유주의자가 내놓았다. 얼핏 설득력이 있

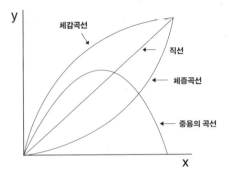

네 가지 종류의 그래프

어 보인다. 이 주장의 함정은 무엇인가?

이 주장은 복지와 경제 발전의 관계를 직선으로 상정하고 있다. 복지의 정도와 경제 발전의 정도가 음의 기울기를 가진 직선의 관계라고 가정하는 것이다. 그런데 또 다른 관계의 가능성이 있다. 곡선의 관계로 가정할 경우 스웨덴처럼 우리나라가 경제 발전을 위해 복지를 줄여야 한다는 주장을 내세우기는 쉽지 않다. 이는 한국이 포물선의 중심선

복지와 경제 성장의 두 가능성

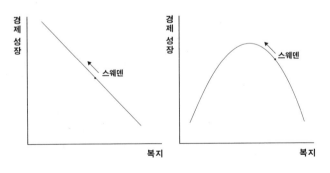

(준선)에서 어느 쪽에 위치하는지에 달려 있다.

곰곰이 생각해보면 사회 현상 중에서 직선으로 변하는 경우는 그리 많지 않다. 많은 사회 현상이 모든 구간에서 독립변수(x)의 증가에 비례하여 종속변수(y)가 일정하게 변하지 않는다. 비선형적(비직선)이다.

비선형성은 상당히 다양한 모습의 곡선으로 나타날 수 있지만 크게 세 가지 정도로 단순화해서 생각해볼 수 있다. 먼저 미시경제학 수업을 듣고 나면 너무나 익숙해지는 체감decreasing 곡선이다. 처음에는 곡선의 기울기가 가파르지만 차츰 완만해지면서 마침내 영이 되는 지점이 나타난다. 경제학이 주로 다루는 한계효용, 한계생산성 등에서 흔히 볼 수 있다.

체감곡선은 매끼 식사 메뉴를 고민하는 우리 모습에서 확인할 수 있다. 아무리 스파게티를 좋아해도 매번 이탈리

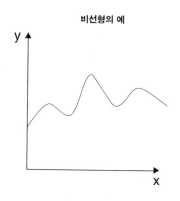

비선형의 예

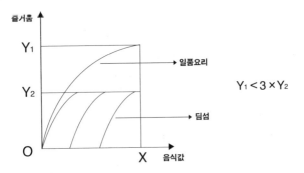

$Y_1 < 3 \times Y_2$

아 식당에서 끼니를 해결할 수는 없다. 딤섬이 좋은 식사인 이유이다. 쉽게 싫증 나고 빨리 질리는 감각의 변덕을 피할 수 있고, 각각의 다채로운 음식이 가져다주는 한 입의 즐거움을 누릴 수 있다. 한계효용이 체감하기에 우리는 숙명적으로 다양하고 새로운 자극을 추구할 수밖에 없는지 모른다. 아마도 식당에서 각자가 주문한 음식을 능숙하게 나누어 먹는 이들이 한계효용 체감의 함정을 역이용해서 인생의 즐거움을 누리는 자들이 아닐까?

체감곡선은 소수의 희생만으로 목표가 달성되는 사건에서도 나타난다. 대표적으로 대학생들이 하는 팀프로젝트를 들 수 있다. 팀프로젝트의 완성도를 종속변수로 y축에 놓고, 팀프로젝트에 참여하는 학생 수를 독립변수로 x축에 놓아 그래프를 그려보자. 처음 몇몇 학생의 참여는 팀프로젝트의 완성도에 크게 기여한다. 나중에 참여하는 학생의 기여도는 급격히 감소한다. 기여도의 변화가 체감하는 것이다. 팀프로젝트의 집단행동이 체감곡선을 보이는 데서 두 가지 규칙성을 발견할 수 있다. 첫째, 팀프로젝트 과제는 대체로 펑크가 나지 않는다. 몇몇의 노력으로 무사히 마무리된다. 둘째, 무임승차자를 피하기 어렵다. 사실 개인의 성공을 연구하고 있는 물리학자는 많은 성공적인 팀 활동에서 리더가 상당 부분을 책임진다고 밝히고 있다.[7] 만약 많은 정치적 사건이 팀프로젝트처럼 체감곡선의 양상을 보인다면 소수 선각자의 헌신으로 세상은 신속하게 변할 수 있다. 그런데 정치적인 것은 위험하고, 성공 가능성이 낮다. 이 점이 팀프로젝트와 근본적으로 다르다.[8]

체감곡선과 달리 반달 모양을 닮은 포물선은 과유불급을 묘사한다. 중용의 곡선이다. 이 곡선은 초반에는 체감곡선과 비슷한 양상을 보이지만 훨씬 빨리 정점에 도달하고, 이후 그 정도가 과해지면서 부정적인 효과가 빠르고 분명하게 나타난다.

아리스토텔레스는 인간의 덕이 너무 적어도 문제고 너무 많아도 곤란하다고 주장했다. 두려움이 너무 많으면 겁쟁이가 되고, 너무 없으면 무모한 자가 된다. 용기는 적당한 두려움이다. 너무 베풀지 않으면 비열하고 너무 베풀면 방탕하다. 중용은 너그러움이다.[9] 너무 잘나지도 너무 못나

지도 말라는 장자의 말이 중용의 정신을 잘 나타낸다.

장자가 산중을 가다가 큰 나무를 보았는데 가지와 잎이 무성하다. 나무를 자르는 사람이 그 옆에 멈추었으나 베지 않았다. 그 까닭을 물으니 말하였다. "쓸모가 없습니다." 장자가 말하였다. "이 나무는 재목감이 되지 못하는 이유로 그 천명을 다할 수 있구나." 장자가 산에서 나와 친구의 집에 묵었다. 친구가 반가워하면서 심부름하는 아이를 시켜 거위를 잡아 삶도록 하자 종 아이가 물었다. "한 마리는 잘 울고 한 마리는 잘 울지 못하니 어느 것을 잡을까요?" 주인이 말하였다. "잘 울지 못하는 놈을 잡아라." 이튿날 제자가 장자에게 물었다. "어제 산속의 나무는 재목감이 되지 못하는 이유로 그 천명을 다할 수 있었고, 지금 주인의 거위는 재목감이 되지 못하는 이유로 죽었으니 선생님께서는 장차 어디에 위치하시겠습니까?" 장자가 웃으면서 말하였다. "나는 재목감이 되는 것과 재목감이 되지 못하는 것 사이에 위치하겠다."[10]

마키아벨리의 유명한 문구인 억압과 복종의 관계에서도 포물선 모양의 비선형성을 발견할 수 있다.

이와 관련하여 여기에서 염두에 두어야 할 것은 인간들이란

다정하게 대해주거나 아니면 아주 짓밟아 뭉개버려야 한다는 것입니다. 왜냐하면 인간이란 사소한 피해에 대해서는 보복하려고 들지만, 엄청난 피해에 대해서는 감히 복수할 엄두조차 내지 못하기 때문입니다. 따라서 사람들에게 피해를 주려면 그들의 복수를 두려워할 필요가 없을 정도로 아예 크게 주어야 합니다.[11)]

보상의 크기와 창의성의 관계, 부모의 재산 정도와 자녀 교육의 용이성, 학급의 학생 수와 수업의 효과 같은 관계에서도 우리는 포물선을 발견할 수 있다.[12)] 모임에 사람이 너무 많으면 집회를 하는 것 같고 너무 없으면 썰렁하다.

한 가지 부언하면, 군사 훈련 등을 받을 때 사람들이 선호하는 중간 자리는 중용의 도와는 상관없다. 상급자의 감시로부터 은폐와 엄폐가 용이하기 때문이다. 같은 이치로 얼룩말이 밀집대형으로 도망을 치는 것도 모두 생존을 위해 중간 자리로 들어가려는 이기심이 만들어낸 훌륭한 효과일 뿐이다.[13)]

마지막으로 광장의 법칙을 묘사하는 그래프인 체증곡선을 살펴보자. 다소 생소할 수 있으나 많은 사회 현상이 체증의 양상을 보인다. 이 곡선은 체감곡선의 반대 이미지이다. 체증곡선의 초반 접선 기울기는 매우 완만하다. 초반에는

x값의 변화가 y값의 변화에 미치는 영향이 미미하다.[14] 처음 빵을 한 입 베어 먹으면 금방 허기를 달랠 수 있지만, 공부 시간을 지속적으로 늘린다고 해도 좀처럼 수학 실력이 나아지지는 않는다. 마찬가지로 갓 출간된 책을 구매하는 독자가 꾸준히 늘어나도 시장에서의 충격은 이에 비례해서 증가하지 않는다. 여전히 독자가 늘어나는 속도는 지지부진하다. 곡선의 기울기가 초반에는 상당히 완만하다. 완만한 구간을 지나고 나면 가파른 상승을 시작하는 임계점 혹은 티핑포인트가 나타난다. 임계점에 미치기 전까지 종속변수(y)의 값은 별다른 변화를 보이지 않다가 임계점을 지나는 순간 갑자기 상승하는 식이다. 체증곡선의 이러한 특성이 더욱 심해지면 임계점에 도달할 때까지 종속변수의 값이 전혀 변하지 않고 그대로인 계단식 변화가 나타난다.

익숙한 경험으로 체증곡선을 살펴보자. 술을 처음 마시는 사람과 자주 마시는 사람이 술에 취하는 과정은 많이 다르다. 이를 그래프로 생각해보자. x축을 마신 잔의 수로 놓고, y축을 주관적으로 느끼는 취기의 정도로 하자. 술을 처음 마시는 이는 소주 한 잔에 커다란 취기를 느낀다. 체감곡선의 양상이다. 반대로 술꾼은 소주 몇 잔에 별다른 변화를 보이지 않다가 어느 순간(티핑포인트) 갑자기 취한다. 체증곡선의 양상이다.

걱정이 변하는 모습도 체증곡선을 닮았다. 우리는 언제 불안해지나? 지금 당신은 괜찮은 직장에서 건강한 중년으로 열심히 즐겁게 일하고 있다. 그런 당신의 한 해 두 해 앞날은 불안하지 않다. 그런 한두 해를 더해 10년 후를 생각해보면 갑자기 불안해진다. 10년 동안 많은 불행한 일들이 일어날 수 있다. 암에 걸릴 수도, 부모님이 돌아가실 수도 있다. 상상하지도 못한 나쁜 일이 한 번은 일어날 것 같다. 이는 간단한 계산으로 이해할 수 있다. 1년 사이에 나쁜 일이 생기지 않을 확률은 거의 1에 가깝다. 하지만 1보다는 작다. 10년을 무사히 지나기 위해서는 10년 동안 연속해서 나쁜 일이 일어나지 않아야 한다. 이 확률은 1에 가깝지만 1보다 작은 수의 10제곱이다. 이 값은 이제 1에서 상당히 멀어져 있다. 걱정의 비선형성이다. 현재에 주목하라는 부처의 말이 참으로 타당한 이유이다. 깨어 있는 마음으로 현재에 집중하면 그만큼 걱정을 덜게 된다.[15]

무거운 짐을 지고 가는 낙타 이야기는 체증곡선의 특성을 제대로 보여준다. 낙타가 지고 있는 무거운 짐은 아직 낙타의 움직임에 별다른 영향을 주지 않는다. 그런데 낙타의 등에 하늘을 날던 새의 깃털이 떨어지자 낙타가 풀썩 주저앉는다. 이렇듯 체증곡선은 낙타의 등짐 위에 떨어진 깃털처럼 사소한 변화가 엄청난 결과를 가져오는 경우와 관련된다. 권력투쟁도 그렇다. 양쪽이 비등비등하다가 사소한 차이로 한쪽으로 확 기울이진다.[16] 눈을 부릅뜨고 싸우는 권력투쟁처럼 핏빛이 선연하지 않지만, 선거에서도 이와 비슷한 양상을 발견할 수 있다. 수만 표를 얻은 두 후보의 승패가 고작 몇백 표로 갈리기도 한다.

체증곡선의 흥미로운 예로 연예인과 스포츠 선수의 수입 변동 그래프를 들 수 있다. x축의 변수를 인기 혹은 운동 기술의 우수성으로 놓고, y축을 수입으로 놓을 경우 우리는 체증곡선을 그릴 수 있다. 인기와 운동 능력에 따른 소득의 변화는 처음에는 완만하다가 막판으로 갈수록 소득의 한계적 변화가 급격해진다. 등수가 각각 100등과 99등인 선수 사이의 소득 차는 미미하다. 하지만 전성기 타이거 우즈와 2인자들의 광고 수입 격차는 엄청나다.[17] 대중음악 분야에서 이를 더욱 쉽게 확인할 수 있다. 조회수 및 수입에서 최상위권과 바로 다음 그룹의 차이는 확연할 것이다. 우리는 모두 1등 가수의 노래를 듣고 싶고, 유튜브 등을 통해 쉽게 들을 수 있다. 통신기술의 발달 덕에 음악의 확장성이 엄청나게 커졌다. 통신기술이 일천한 시대, 무대에서 가수가 직접 공연을 해야 하는 경우 1등과 2등의 소득 격차는 지금처럼 크지 않았다. 왜냐하면 1등 가수 역시 2등 가수와 마찬가지로 하루에 24시간 밖에 없기 때문이다. 이제는 그 가수의 노래가 언제 어디서나 똑같은 음질로 무한히 재생 반복된다.[18] 베토벤과 모차르트가 고전 음악을 여전히 지배하는 이유가 이 때문일 것이다. 주기적으로 파격적 조류가 일어나는 미술계와 대조적이다.

체증 현상은 승자독식, 일등독식이다. "1등만 기억하는 세상"에서 경쟁은 치열할 수밖에 없다. 1등만 기억하는 대표적인 세계가 바로 정치이다. 정치는 1등이 될 수 있다고 믿고 1등이 되고 싶은 야심만만한 이들이 참여하는 세계이다. 젊은이들이 도시로 몰려들 듯이 말이다. 수많은 사람이 거주하는 대도시에서는 특정 분야에서 1등을 하면 그에 따른 경제적 보상이 상당하다.[19] 서울의 1등 인도 음식점은 매일 손님이 끊이지 않을 것이다. 인도 음식을 좋아하는 사람의 비율(R)은 어디나 비슷할 것이다. 따라서 전체 인구수(P)가 음식점 손님의 수(P*R)를 결정한다. 큰 도시에는 1등 인도 음식점이 충분한 수익을 남길 만큼의 수요가 있다. 그래서 필자는 도시의 크기를 간단히 측정하는 조악한 수단으로 인도 음식점이 있는지를 물어본다. 인구가 많은 대도시는 승자에게 커다란 보상을 줄 수 있기에 직업 분야를 불문하고 스스로 특출하다고 믿는 자들은 대도시로 몰려든다. 1등이 되고 싶은 야심만만한 젊은이로 가득한 도시는 활기에 넘친다.

인도 음식점은 주방장 혼자만의 음식 솜씨로 승부할 수 있지만, 정치는 많은 사람이 같은 선택을 하고 행동할 때 성공할 수 있다. 이는 쉽지 않다. 수많은 딜레마 탓에 좀처럼 충분히 많은 사람을 모으지 못한 채 대부분 실패한다. 광화문에 가보라. 많은 이들이 다양한 정치적 시도를 하지만 대부분 별다른 영향력 없이 사라진다. 그런 와중에 아주 가끔씩 온 나라를 흔드는 광장정치가 발생한다.

사실 사회·정치 현상에서 체증의 비선형성이 나타나는 주된 이유는 집단행동의 딜레마 때문이다. 많은 정치적 사건은 다수가 참여할 때 발생한다. 광장의 사람이 일정한 수에 미치지 못할 경우 집단행동은 정치적 결과를 만들지 못한다. 소요와 혁명의 차이다. 인류 역사에서 무수한 농민 반란은 권력을 장악하거나 분리 독립할 만큼 충분한 수를 모으지 못한 채 비극적으로 끝났다. 부하들의 신임을 얻기 위해 자신이 사랑한 공주를 강물 속으로 던져버린 17세기 러시아의 농민반란군 지도자 스텐카 라친Stenka Razin과 추운 겨울 쓸쓸히 관군에 잡혀간 녹두장군 전봉준의 슬픈 운명이 이를 말해준다. 세상이 좀처럼 변하지 않는 듯 보이는 이유도 여기에 있다.

승자독식 체증곡선의 특성에서 유추할 수 있듯이 정치적 변화는 점진적이지 않다. 정치는 오늘 한 명이 변하고 내일 한 명이 변하면서 매일 조금씩 질서와 규칙이 바뀌는 세상이 아니다. 아무리 많은 이들의 생각이 바뀌어도 이들이 서로의 생각을 확인하고 함께 행동하지 못한다면 정치적 사건은 발생할 수 없다. 따라서 정치적 변화는 급작스럽게 찾아오고, 순간 폭발의 양상을 보인다. 조용한 나라에서 우연한 계기로 충분한 이들이 광장에 모인다. 이제 낙타를 무너뜨린 깃털처럼 새로운 이들이 동참하면서 광장은 눈사태처럼 커진다.

정치적 현상이 체증곡선을 보이는 이유는 'N분의 1' 원리로 쉽게 이해할 수 있다. 젊은이들이 술을 마시거나 친구들과 다소 비싼 음식을 먹을 때 자주 사용하는 분배 방식이다. 이 쉬운 공식이 정치에 대해 많은 영감을 제공한다.

이성민 주연의 영화 〈목격자〉의 마지막 장면이 인상적이다. 어느 여성이 눈 덮인 조용한 아파트 단지 한가운데서 소리친다. 도와달라고 살려달라고. 아무도 반응하지 않는다. 도시인의 무관심과 이기심, 심지어 인간성의 황폐화마저 느껴진다. 그런데 이러한 우리의 직감적인 반응에 의문을 품은 심리학자의 실험은 문제의 원인을 우리의 심성이 아니라 상황으로 돌린다. 나를 비롯해서 많은 사람이 목격하고 있음을 알기에 굳이 내가 책임감을 갖고 행동할 필요를 강하게 느끼지 못한다는 것이다. 그리고 책임감의 정도는 N분의 1로 거칠게 표현할 수 있다. 아파트 안에 다른 목격자가 많다고 믿는 개인이 느끼는 책임감은 작다.[20]

정치에서는 N분의 1을 어디에서 볼 수 있을까? 개인의 선택에 미치는 계산적 요소는 주관적으로 느끼는 성공 확률, 보상의 크기, 비용이다. 수년 전 이란에서 시위가 있었고 정부 측의 발포로 애꿎은 여학생이 총에 맞아 숨진 사건이 있었다. 그렇다. 아직도 많은 나라에서는 시위에 나설 때 정부의 폭력에 의한 심각한 부상 혹은 죽음을 걱정해야 한다. 용감한 당신이지만 불행한 일을 당할 가능성을 생각하지 않을 수 없다. 아주 간단한 공식으로 우리는 그 확률을 계산한다. N분의 1이다. N이 커질수록, 불행한 일을 당할 확률은 낮아진다.

처음 100명에서 시작한 시위가 1000명으로 늘어나면서 경찰에 잡힐 확률이 1000분의 1로 떨어졌다. 그럼 지금까지 주저하던 이들이 시위에 참여할 용기를 얻는다. 이들의 참여 덕에 확률값은 더욱 떨어진다. 이는 더욱 많은 소심한 시민의 동참을 유도한다. 선택의 상호 의존이다.[21]

또 다른 확률값이 작동한다. 이번에는 승산이다. 참여자의 수는 승산을 높이고, 이는 다른 이의 참여를 유인하여 다시 승산이 높아진다. 더 높은 승산은 이제 다소 비관적으로 관망하던 이들도 끌어당긴다. 여기서도 광장의 시민은 상호 의존적으로 연결되어 있다.[22] 다음 절에서 정치적인 것이 보이는 체증곡선의 함의를 상세히 다룬다.

2

정치는 위험한 도박

당신은 왜 라인을 사용하지 않고 카카오톡을 사용하는 가? 어려운 환경에서 자신만의 길을 따라 모험을 마다하지 않은 김범수라는 CEO가 마음에 들어서일까? 아니면 카카 오톡이 더 많은 이모티콘을 제공하기 때문일까? 아마도 당 신은 이 질문이 바보스럽다고 생각할 것이다. 당신과 연락 하고 지내는 지인들이 모두 카카오톡을 쓰기 때문이다.

남들이 모두 사용하니까 나도 사용한다는 당신의 설명 은 정치의 본질과 맞닿아 있다. 상상해보자. 당신은 중앙아 시아 타지키스탄의 엘리트이다. 현재 이 나라의 대통령은 20년 가까이 집권하고 있고, 대통령의 임기를 제한하는 헌 법을 철폐하고, 심지어 갑작스럽게 죽게 될 경우 아들에게 권력을 이양할 수 있도록 대통령의 연령 제한을 30세로 낮추었다. 학술회의에서 타지키스탄 학자들은 논문 발표에 앞서 대통령에게 화려한 수식어를 붙여가며 고맙다고 말한다. 소련에서 분리 독립한 중앙아시아 국가 대부분의 정치 현상이기도 하다. 한 번 대통령은 영원한 대통령이다. 보통 지병으로 사망할 때까지 자리를 지킨다. 아름다운 호수로 유명한 키르기스스탄만이 예외이다. 이는 민주주의와 상관없다. 한때 경찰 제복만 구입하면 경찰이 될 수 있을 만큼 허약한 국가 능력 탓에 대통령이 자신의 권력욕을 실현할 능력이 없었기 때문이다. 높은 자리에 오르고 싶은 타지기스탄의 엘리트인 당신은 누구를 지지해야 하는가? 당연히 현 대통령이라고 답할 것이다. 모두가 그를 지지하기에 당신도 그를 지지한다. 카카오톡을 사용하는 이유와 독재자를 지지하는 이유는 동일하다. 개인적인 호불호는 중요하지 않다. 눈앞에 보이는 다수의 선택이 어디에 있는지에 좌우된다. 한마디로, (독재) 정치에서는 다수의 선택에 나의 선택을 일치시킬 이해가 강하게 작동한다.

권력자에게 줄을 설 때나 웹 메신저를 사용할 때 우리의 선택은 상호 의존적이다. 다른 이의 선택이 나의 선택에 영향을 미치고, 이는 또 다른 이의 선택에 영향을 미친다. 상호 의존적 영향력이다. 다수의 선택이 더 많은 선택으로 이어지는 상품이나 서비스의 경우 초반 싸움이 중요하다. 팽팽한 균형이 흔들리면서 승부의 추가 한쪽으로 살짝 기울면 순식간에 돌이킬 수 없는 결과가 발생한다. 대박 아니면 쪽박이다.[23] 쏠린 쪽으로 더 많은 사람이 붙고, 이는 더욱 많은 사람을 끌어당긴다. 쏠림 현상은 자연계에서도 흔히 볼 수 있다. 가열된 자석의 자성 원자가 방향을 잃으면 자석은 자성을 상실한다. 열이 식으면서 자석의 원자가 한쪽 방향으로 정렬하면 더 많은 원자를 끌어당기고 정렬의 속도는 점점 빨라진다. 원자의 쏠림이다.

돌이킬 수 없는 큰일이 일어나면 우리는 이를 필연으로 인식하려 하지만, 우연일 가능성이 높다는 점을 보여주는 간단한 게임이 있다. 항아리에 구슬이 100개가 들어 있다. 50개는 검은색이고 50개는 하얀색이다. 항아리에 손을 넣어 구슬 하나를 꺼내 하얀색이 나오면 검은색 구슬 하나를 빼고 하얀색을 하나 더 집어넣는다. 하얀색이 51개가 되고, 검은색이 49개가 된다. 검은색을 집어도 마찬가지이다. 이 과정을 어느 정도 반복하면 어떤 결과가 나올까? 몇 가지 결과를 예상할 수 있다. 처음부터 번갈아 뽑을 경우 검은색과 흰색이 균형을 유지할 수도 있고, 한쪽으로 쏠려 전체가 검은색 혹은 흰색이 될 수도 있다. 어떤 결과가 발생하는가는 초기 몇 번의 선택이 크게 좌우한다. 예를 들어 처음 몇 번 연속으로 같은 색이 뽑히면 그 공이 뽑힐 확률이 증가하고, 다시 더 많은 공을 뽑게 된다. 결국 돌이킬 수 없다. 여러 서비스 중 몇몇 사람이 먼저 카카오톡을 선택하고, 그들의 선택이 다른 이의 선택을 유인하고, 이는 더욱 큰 힘으로 나머지 사람을 끌어당긴다.

상상해보자. 시골 장터에 큰 축제가 열리고 임시로 주차장이 마련되었다. 주차선이 그어지지 않아 어느 방향으로 주차해도 무방하다. 첫 번째 차가 도착했다. 운전자는 '살짝' 남쪽을 선호한다. 뒤이은 차는 이 차의 영향을 받아 같은 방향으로 주차한다. 상호 연쇄 과정을 통해 마침내 모두 남쪽 방향으로 주차한다. 만약 첫째 운전자가 남쪽이 아닌 서쪽을 선호하면 서쪽으로 쏠릴 것이다. 사회적 결과가 총 참여자(운전자) 선호도의 평균값이 아니라 배열 순서에 달려 있음을 보여준다. 순서가 달라지면서 모두가 남쪽 혹은 서쪽을 향해버린다. 다시 한번 선택의 상호 의존이다.[24]

동일한 노래를 담고 있는 음악 사이트로 10대 청소년들을 무작위로 배정해 접속하게 했다. 실험 참가자는 자신이 좋아하는 곡을 다운로드할 수 있다. 한 음악 사이트에는 다운로드 횟수가 표시되지 않았고, 나머지 많은 사이트에는 다운로드 순위를 각각 다르게 보이도록 조작했다. 표시되지 않은 사이트는 각각의 노래에 대한 실험 참가자의 독립적 선택을 알려주어 다른 사이트와 비교할 수 있는 기저율을 제공한다. 만약 선곡이 상당히 독립적으로 이루어진다면 다양한 사이트의 인기곡 순위는 유사성을 보여야 한다. 즉 순위의 배열에서 상관성을 발견할 수 있어야 한다. 결과는 전혀 그렇지 않다. 각 사이트의 최종 순위는 처음 인위적으로 조작된 횟수를 상당히 반영했다. 개인의 독특한 취향이나 노래의 질이 아니라 마음대로 표시된 다운로드 횟수가 결정적인 역할을 한 것이다.[25]

선택의 상호 의존성이 강하게 작동하는 경우 카카오톡처럼 독점이 발생한다. 하나의 대박과 나머지 쪽박이다. 수가 수를 불러오면서 모두 똑같은 선택을 한다. 앞서 논의한 체증곡선의 양상이다. 100명이 카카오톡을 사용할 경우 101번째 사용자는 100명의 사람들과 연결된다. 1000명이 사용하는 경우 1001번째 사람은 나머지 1000명과 연결될 수 있다. 사용자가 많아질수록 사용자의 효용이 가파르게 증가한다. 이렇듯 일단 충분히 많은 사람이 선택하고 나면 시간이 모든 것을 해결해준다. 시간이 갈수록 선택의 수는 더욱 빠르게 증가한다. 변화하는 곡선의 접선 기울기가 갈수록 급해지면 쏠림이 발생한다. 혁명과 전염병의 확산 역시 카카오톡의 성공과 구조적으로 유사하다. 면역력이 약한 이들이 먼저 감기에 걸려 감염자 수가 증가한다. 이제 감기

바이러스에 둘러싸인 건강한 이들이 감기에 걸린다. 혁명에서는 용감하고 불만이 가장 큰 자가 먼저 들고 일어난다. 그리고 그의 용기, 불만, 희망이 다른 이들에게 전파된다.

모두 사용하기 때문에 카카오톡의 독점은 당분간 매우 안정적이다. 모두 카카오톡을 사용하는 현재 상황에서 소통을 원하는 자는 누구도 일방적으로 카카오톡에서 이탈하지 않는다. 새로운 도전자는 짧은 시간 안에 많은 소비자가 카카오톡에서 자신의 서비스로 이동하도록 해야 하는 어려운 과제를 안고 있다. 점진적이고 느린 변화는 기존의 균형 상태(카카오톡의 독점)를 흔들지 못한다. 새로운 서비스를 이용하려는 소비자가 많아야 할 뿐 아니라 이들이 함께 움직여야만 변화가 가능하다.

카카오톡의 확산과 독점은 정치의 근본 속성을 닮아 있다. 특별히 독재 정치에서 더욱 그러하다. 모두는 다수의 선택에 자신의 선택을 조정coordination하고자 하는 강한 이해를 가지고 있다. 상상해보자. 당신은 1950년대 초 북한의 고위 엘리트이다. 당신은 인간적으로 박헌영에게 끌린다. 하지만 많은 이들이 김일성을 지지하고 있다는 사실을 당신은 알고 있다. 당신과 가족의 안위를 생각한다면 선택은 자명하다. 당신의 사적 선호는 전혀 중요하지 않다. 다수의 선택에 대한 당신의 기대에 따라야 한다. 김일성을 지지해야 한다. 당신의 선택은 다시 김일성의 승리를 공고히 하고 다른 이의 동참을 유인한다. 김일성을 지지해야 할 유인은 갈수록 커진다. 역전승은 없다.

불확실한 초기 권력투쟁의 암중모색이 끝난 뒤 다수가 대세라고 믿는 사람 주위로 사람들은 모이고, 이는 더욱 많은 사람을 끌어들인다. 결국 모든 사람이 한 사람을 지지하고 그는 권력을 독점한다. 이제 누구도 다른 사람을 공개적으로 지지하지 않는다. 모두가 하나의 선택에 머물러 있다. 지배자에 불만을 가진 사람들은 다수가 함께 동시에 도전해서 일정한 동력을 만들 수 있어야만 한다. 서슬 퍼런 처벌의 칼날과 감시의 그물망 속에서 잠재적 반대자는 죽음은 두렵지 않지만 개죽음을 맞을 수는 없다면서 침묵한다. 결국 시간은 흘러 독재자는 침상에서 운명을 맞이한다.

광장을 꿈꾸는 이들도 마찬가지이다. 다수가 하나의 선택을 하는 순간 정치적 힘이 생기고 승리할 수 있다. 함께 나아가야 한다. 광장의 시민이 시장의 소비자와 근본적으로 다른 점이다. 소비자는 개별적으로 물품을 구매하지만 시민은 광장으로 함께 가야 한다. 따로 나아가면 각개격파되지만 함께 나아가면 승리한다. 같이 나가기 위해 우리는 믿음이 필요하다. 그 믿음이 바로 양인심사양인지이다.

3

양인심사양인지,
광장의 인지적 기초

1930년대 영국의 라디오 방송국은 미인 대회를 열었다. 신문에 실린 사진을 보고 누가 가장 미인인지를 맞추는 게임이었다. 이 게임에는 당시 세계적인 경제학자인 존 메이너드 케인스John Maynard Keynes의 학문적 관심을 자극할 몇 가지 흥미로운 규칙이 있었다. 첫째, 투표에 참여한 청취자들로부터 가장 많은 선택을 받은 여성이 최고 미인이 된다. 둘째, 미인을 맞춘 청취자들에게 상금을 준다. 이 두 가지 규칙은 흥미로운 전략을 만들었다. 상금을 원하는 청취자(자신의 선호를 표현하는 것에 만족하는 자는 논외)는 자신이 생각하는 최고의 미인이 아니라 다수가 누구를 최고의 미인으로 꼽는지를 염두에 두어야 한다. 따라서 미인에 대한 당시 사회적 통념이 중요했다. 통념상 미인이라 여겨지는 인물로 선택이 모이기 때문이다.

다수가 선택한 이가 미인이 되고, 미인을 맞춘 이가 상금을 받는 이 게임에서는 다수의 선택에 자신의 선택을 일치시킬 조정의 이해가 작동한다. 어떤 이유로 다수가 같은 생각을 하면 꿈은 현실이 된다. 같은 꿈을 꾸기가 만만치 않을 뿐이다.

기대의 수렴이 현실을 만들어내는 현상의 예로 주식과 아파트 가격 변동 등을 들 수 있다. 주식 가격에 대한 기대를 인위적으로 조작하는 '작전'을 처벌해야 하는 이유이다. 17세기 네덜란드의 튤립 투기 역시 마찬가지이다. 당시 튤립 알뿌리가 많은 수의 소, 돼지, 옷감 등을 합한 가격보다 비싸게 거래되는 기현상이 일어났다. 모두가 튤립 가격이 더 오를 것이라고 기대하고 있음을 모두가 믿었기에 가능했다. 1930년대 대공황기 은행의 파산 역시 기대의 수렴에서 비롯되었다.[26] 직원 몇 명이 감기로 결근하는 바람에 은행을 찾은 손님들이 밀리고 있었다. 그런데 길게 늘어선 줄을 본 고객들은 결근한 직원이 아니라 은행의 건전성과 미래를 걱정했다. 불안해진 다른 예금자들 역시 줄을 서게 되면서 불안감은 걷잡을 수 없이 커졌고, 줄은 빠르게 길어졌다. 결국 은행은 파산했다.

상금을 위해 다수의 생각을 읽어야 하는 케인스의 미인 대회는 피비린내 진동하는 권력투쟁을 똑 닮았다. 등장인물을 조금만 바꾸면 된다. 미인은 권력투쟁에 나선 소위 야심에 찬 선수들이다. 그리고 청취자는 권력투쟁에 사활을 건 엘리트이다. 엘리트는 링에 오른 선수 중 한 명에게 지지를 보낸다. 자신이 응원한 선수가 이기면 엘리트는 권력과 부를 제공받는다. 반대로 잘못된 선택은 자신과 가족의 처절한 몰락을 의미한다. 그래서 이들은 자신이 마음에 드는 자가 아니라 이길 것이라고 다수가 믿는 자를 따를 마음의 준비가 세상 그 누구보다도 되어 있다.

다시 한번 다수의 믿음에 대한 다수의 믿음이 중요하다. 누가 이길 것이라는 다수의 공통된 믿음을 다수가 서로 알고 있을 때 권력투쟁의 추는 한쪽으로 기울어진다. 다수의 선택이 일치할 수 있도록 유인하는 믿음을 특별히 공동지식common knowledge이라 부른다.[27] 다수가 믿는다고 다수가 믿고 있는 신념, 지식, 정보를 의미하는 공동지식은 다수의 기대가 어디로 향하는지를 다수가 예상할 수 있도록 도와준다.[28] 자연스럽게 형성되는 공동지식의 예로 문화적, 상황적 요인에 따라 모두의 선택일 것이라 주목을 받는 초점focal point을 들 수 있다.[29] 암묵적으로 통용되는 약속 장소 및 시간(정오) 등이 초점의 예이다. 핸드폰이 보급되기 전 젊은이들은 지리적 초점을 이용해서 만났다. 서울 강남역 앞 뉴욕제과 혹은 대구 동성로 대구백화점 등이다.

사실 공동지식은 남녀관계에서부터 거시적 정치제도까지를 떠받치는 기초이다. 공동지식의 내용에 따라 서로 강한 이성적 호감을 지닌 남녀가 여전히 '남사친(남자 사람 친구)' 혹은 '여사친(여자 사람 친구)'으로 남는다. 양쪽 모두 마음속 깊은 연정을 품어도 고백이 없으면 공동지식이 없고 연인이 아니다.

신윤복의 그림 〈월하정인도〉에 적혀 있는 "양인심사양인지兩人心事兩人知"라는 글귀가 연인 관계의 특징을 절묘하게 잡아내고 있다. 깊은 밤 등불을 들고 걸어가는 남녀는 고백을 통해 연인 사이임을 서로 알고 있음을 서로 알고 있다. 오래된 친구 사이가 연인으로 발전하려면 고백이 필요하다. 그렇지만 잘못된 고백은 친구 관계를 파탄 낼 수도 있기에 조심스럽다.[30] 그래서 애써 에둘러 말하다 서로 지치고, 그러다 시간이 흘러 각자 다른 짝을 만나 결혼한다. 따로 시집 장가를 가버린 옛 노래 속 갑순이와 갑돌이의 불행이다.

공동지식의 위력은 공공장소 금연이 정착하는 과정에서 확인할 수 있다. 우리는 한 사람 한 사람이 변하면 세상이 그에 맞추어 전진한다고 가정한다. 나 하나가 변하면 세상이 그만큼 변한다는 생각만큼 낭만적이고 가슴을 뛰게 하는 말은 없을 듯하다. 그런데 점진적·축적적 변화는 드물다. 변화는 갑자기 찾아온다. 매일 10명의 사람이 화장실에서 담배를 피우다가 9명, 8명, 7명, 6명 하는 식으로 줄어들지 않는다. 어느 날 갑자기 한두 명만이 담배를 피우고, 이들마저 겸연쩍은 듯 피우다 말고 자리를 떠난다.

흡연자의 마음이 동시에 변하기라도 한 것일까? 아니다. 흡연자 각자의 마음은 천차만별이다. 그럼에도 나타나는 집단적 변화의 뒤에는 금연법이 있다. 금연법이 정한 벌금 때문일까? 벌금을 강제하기 위해 공권력을 투입하기에는, 세상 어떤 나라도 충분한 경찰력을 보유하고 있지 않다. 사실 대부분의 법은 국가의 강제적 집행 능력을 벗어난다. 그렇다면 왜 법을 제정하는가? 바로 공동지식의 형성을 도와 새로운 규범이 구성원 사이에 정착하도록 하기 위해서다. 더는 공공장소에서 담배를 피우지 않는 이유는 갑자기 흡연자의 배려심이 커져서도 아니고, 비흡연자가 담배 연기에 싫은 소리를 대놓고 할 정도로 용감해져서도 아니다. 금연법 덕분에 다수가 공공장소에서 흡연은 잘못된 일이라고 생각한다고 모두가 믿게 되었기 때문이다. 비흡연자는 당당히 불평할 수 있고, 흡연자는 미리 스스로 조심한다. 여기서 개인의 용기와 배려심은 부차적이다.

대통령 선거 텔레비전 토론에서 우리는 공동지식의 위

력을 느낄 수 있다. 대통령 선거에서 텔레비전 토론은 왜 중요한가? 분위기를 자기 쪽으로 가져와야 하는 대선에서 텔레비전 토론은 다른 선전 활동과 차원이 다르다. 모두가 시청하고 있다고 모두가 믿는 소통 방식이 텔레비전 토론이다. 따라서 텔레비전 토론은 즉각적으로 공론을 만들어낸다. 강력한 한 방이 나올 수 있다.

카카오톡이 제공하는 단톡방 역시 공동지식의 작동 원리를 보여준다. '단톡방'이 생긴 이후로 모임 약속을 잡기가 쉬워졌다. 숫자가 사라지면서 내가 던진 메시지를 모두가 읽었음을 모두가 안다고 모두가 믿는 상태가 발생한다. 모두에게 모두가 메시지를 받았다는 메시지를 보내고 또 보내는 번거로움이 사라졌다. 의전상의 이유로 '단톡'을 사용하지 못하는 경우 우리는 단톡과 같은 소통 방식의 편리함을 새삼 인식할 수 있다. 단톡방은 소위 제러미 벤담Jeremy Bentham이 고안한 파놉티콘Panopticon을 닮았다. 원형의 건물 둘레에 각각의 감방이 있고 원의 중심에 감시탑이 있다. 감시하고 감시당하고 있음을 모두가 알고 있음을 모두가 알고 있는 공동지식이 형성된다.[31]

모두가 시청한다고 믿어지는 인기 텔레비전 프로그램이 파놉티콘이다. 시청률 3퍼센트의 프로그램에 10회 출연 (3×10= 30%)하기보다 30퍼센트의 프로그램에 한 회 출연하면 당신은 검색어 1위로 바로 등극한다. 이는 물리학에서 크리티컬 매스Critical Mass에 도달한 플루토늄이 핵융합을 지속하는 현상과 동일하다. 많은 이들이 보았다고 믿는 많은 이들이 당신의 방송 출연에 대해 떠들고, 다른 이의 반향을 받아 소식은 더욱 널리 퍼져나간다. 자기 강화self-reinforcing적 연쇄반응이 일어난다.[32]

많은 사람의 속마음이 변하더라도 세상이 변하지 않는 이유는 바로 공동지식의 현상 유지 편향 때문이다. 혁명은 배신당했고 이제 모든 시민은 속으로 독재에 치를 떨고 있다. 독재의 처벌이 두려운 시민들은 그저 살기 위해 겉으로 열렬한 충성심을 표현한다. 그들을 관찰하는 이웃은 이들의 충성심에 뒤질세라 더욱 목소리를 높인다. 모두가 변했지만 모두는 모두를 오해하고 있다. 공동지식은 전혀 변하지 않았다. 다수가 다수의 속마음을 오해하고 있다. 이러한 오해를 전문 학술 용어로 다원적 무지pluralistic ignorance라고 일컫는다.[33] 트럼프의 당선을 예측하기 어려웠던 이유가 여기에 있다. 사적으로 트럼프를 지지하지만 공적으로 표현할 경우 예상되는 멸시 등이 두려워 많은 미국 시민이 자신의 생각을 공개적으로 표현하지 않았다. 심지어 설문조사에서도 그랬다. 아마도 우리가 가장 솔직할 수 있는 순간은 인터넷 검색창에 글자를 채울 때가 아닐까? 구글 검색 자료

를 이용한 연구만이 유일하게 트럼프의 승리를 맞혔다.[34)]

특히 공동지식은 다수가 일거에 함께 움직여야 하는 위험한 집단행동, 예를 들어 쿠데타, 혁명 등에서 승패를 좌우한다. 인권과 법치가 작동하는 사회처럼 집단행동이 위험하지 않다면 소수의 선도 집단은 공개적 행위를 통해 자신의 의지를 공공연히 표현할 수 있다. 강한 사적 신념이면 충분하다. 강한 신념을 지닌 선도 집단의 공개적 행위를 관찰하고 이에 동의하는 후발 주자들이 동참하면서 수가 점차 증가한다. 그러나 사소한 정치적 도전에도 목숨을 내놓아야 하는 경우 개개인의 단단한 신념과 함께 한꺼번에 다수의 동참이 있을 것이라는 확신이 필수적이다. 다수의 공고한 협력이 없을 경우 집단행동의 실패는 확실하고, 집단행동에 참여한 자들은 끔찍한 처벌에 직면한다. 행동 의지를 서로 확신하는 공동지식이 없을 경우 체제에 강한 반감이 있음에도 저항을 합리적으로 자제한다. 공고한 공동지식으로 무장한 고도의 전위조직이 위험한 혁명 활동에 필수적인 이유이다. 한국의 민주화를 선도한 학생운동이 대학별로 조직화된 점에서 이를 확인할 수 있다. 대학 구성원의 밀도 있는 네트워크가 위험한 민주화 운동을 함께할 공동지식을 만들었다.[35)]

다음 쪽의 연결망 그림에서 공동지식의 차이를 발견할

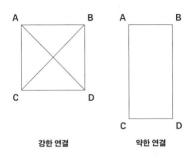

연결망의 형태

강한 연결   약한 연결

수 있다. 강한 연결에서는 모두가 모두와 연결되어 모두가 모두의 마음을 알고 있음을 모두가 알고 있다. 집단행동의 성공을 위해 4명이 필요한 경우 강한 연결에서는 모두가 떨쳐 일어나지만, 약한 연결에서는 4명의 문턱값을 넘어지지 못한다. 집단행동은 실패한다.

정치적 집단행동에서 공동지식이 중요하기에 우리는 추운 겨울에 광장으로 나간다. 왜 집에 앉아서는 제대로 힘을 모을 수 없는가? 집 안에 있는 당신을 우리는 볼 수 없다. 서로를 직접 눈으로 볼 때 공동지식이 생긴다. 이제 공동지식을 넘어 광장정치가 작동하는 원리인 조정게임을 더 상세히 논의하자.

4 ────────────────────────────────

광장의 행동 원칙, 조정

세상만사의 기초는 계약이 아니라 관습이다. 사회계약
은 가슴 뛰게 하는 말이지만 우리의 동의 여부와 상관없는
수많은 관습이 우리를 무질서로부터 지켜준다. 계약은 자
발성을 전제로 한다. 사회가 우리에게 계약서를 들이밀지
않는다. 1987년에 투표권이 없던 이들은 지금 헌법에 적
극적으로 의사를 표현한 적이 없다. 찬성이든 반대든 의사
를 표현할 기회조차 없었다. 그렇다고 우리 대부분은 이러
한 기회가 없었다고 항의하지 않는다. 수많은 관습과 규
범은 적극적인 동의가 아니라 불편함을 피하기 위한 묵종
acquiescence에 바탕을 두고 있다.[36] 자신의 편익을 위해 그저
묵묵히 따를 뿐이다. 모두가 지킨다고 모두가 믿는 상황에

서는 나 역시 관습과 규범을 지키는 것이 낫다. 그리고 나의 선택이 관습과 규범을 유지하는 데 일조한다. 이렇듯 질서의 기원은 바로 다수의 선택에 나의 선택을 일치시키는 조정에 있다. 호시탐탐 이웃의 등을 노리는 위험천만한 '만인에 대한 만인의 투쟁'이 아니라 태초에 질서가 있었다.

수업 시간에 자리 배치를 보고 있으면 관습의 힘과 질서의 태동을 실감할 수 있다. 커다란 강의실에서 한 학기 수업이 시작되고 몇 주가 지나면 학생들의 자리가 암묵적으로 정해진다. 수업에 자주 결석하는 학생이 눈치 없이 앞자리에 앉았다고 가정해보자. 그럼 평소 그 자리에 앉았던 학생은 난감해하거나 싫은 표정을 지으면서 다른 자리에 앉는다. 그리고 이 표정을 감지한 학생은 겸연쩍어한다. 강의실 자리에 대한 법적 소유권은 누구에게도 없다. 그런데 몇 주가 지난 후 앞의 좋은 자리는 특정 학생의 것인 양 모두가 행동한다. 관습의 힘이다. 다른 관습처럼 이는 매우 안정적으로 학기 내내 별다른 변화가 없다.

대부분 우리는 약속을 지키기 위해 약속을 잡는다. 배신이 큰 이익을 주는 죄수의 딜레마를 배웠다고 해서 고의로 약속한 곳이 아닌 엉뚱한 장소에서 혼자 기다리면서 즐거워하지 않는다. 근본적으로 우리는 무질서가 아니라 질서를 원한다. 홉스가 틀린 이유이다. 우리의 자연 상태는 전쟁

상태가 아니다. 만인은 만인에 대한 만인의 투쟁이 아니라 하나의 질서를 만들고 싶어 한다.[37] 교통 질서를 예로 들어 보자. 100명의 주민이 거주하는 섬에서 단 하나의 일주도로만 있다고 가정하자. 만약 다수 사람이 우측통행을 할 경우 나머지 사람들은 자신의 안전을 위해 다수의 선택에 맞추어 우측통행을 한다. 이것이 조정게임coordination game이다.

여기서 잠시 조정게임의 학술적 연원을 좀 따져보자. 조정게임의 원리에 따라 사회적·정치적 현상을 본격적으로 다룬 연구는 토머스 셸링Thomas C. Schelling의 유명한 책 『갈등의 전략The Strategy of Conflict』에서 시작되었다고 할 수 있다.[38] 게임이론이 사회과학계에 밀물처럼 도입되었지만 유독 조정게임만은 부차시되는 경향이 초기에 있었다. 예측의 어려움 때문이다. 일회성 죄수의 딜레마 게임one-shot prisoner's dilemma game 등은 사전에 게임의 결과를 분명히 예측할 수 있다. 반면에 다수의 선택이 일치하기만 하면 되는 조정게임은 매우 다양한 결과가 나올 수 있어 엄밀한 예측이 어렵다.

지구 곳곳에서 다채로운 사회질서를 이루고 사는 우리네 모습이 조정의 다양성을 증명하고 있다. 논리적으로 결정되는 단일 균형점을 찾고 싶어 하는 고집스러운 경제학자의 머릿속에서만 외국 생활에서 쉽게 경험할 수 있는 문화의 다양성은 사라진다. 다른 경제학자들과 달리 셸링은 초점이라는 개념을 통해 조정의 딜레마가 사회문화적으로 해결되는 현상임을 특유의 필체와 쉽지만 심오한 예시로 풀어주고 있다. 예를 들어 1에서 10의 숫자 중 각자가 적어낸 숫자가 같으면 돈을 받아 가는 게임이 있다고 하자. 이 게임에서 필요한 전략은 상대방의 선택에 대한 나의 기대에 대한 상대방의 기대를 내가 기대하는 이심전심이다. 많은 참가자가 상당한 확률로 똑같은 번호를 적어낸다. 당신은 과연 몇 번을 적었는가?

조정게임으로 광장정치를 이해하려면 내시균형Nash Equilibrium을 명확히 알 필요가 있다. 내시균형은 행위자가 일방적으로 자신의 선택을 변경할 유인이 없는 상태이다. 기존 균형점에서 벗어나 자신의 선택을 일방적으로 바꿀 경우 자신에게 돌아오는 보상이 처음보다 줄어들기에 상대와 함께 움직이지 않는 이상 각자는 지금까지의 선택을 변경하지 않는다. 가정해보자. 천연자원, 지정학적 위치 등 정치, 경제, 군사적인 이유로 어떤 사회가 서로 속고 속이는 나쁜 균형(2,2)에 위치했다. 시민들은 나쁜 균형보다 모두에게 더 나은 좋은 균형(5,5)의 존재를 알고 있다. 문제는 소통과 믿음이다. 다른 동료 시민들이 선택을 변경한다는 확신이 없기에 모두는 속고 속이는 불신의 균형을 고수한다. 모두에게 명명백백하게 더 나은 선택이 존재함에도 사회는

행위자 B

		우호적	공격적
행위자 A	우호적	5,5 * (좋은 균형)	0,4
	공격적	4,0	2,2 * (나쁜 균형)

어려움에서 탈출하지 못한다.

우측통행인 도로에서 일방적으로 좌측통행을 시도하면 사고를 당하고 만다. 모두 카카오톡을 사용하는데 나만 혼자 다른 서비스를 고집하면 친구들과 한 잔 술을 놓친다. 모두 김일성을 지지하는데 나만 박헌영을 지지하면 숙청이다. 따라서 다른 이들이 선택을 바꾸지 않는 이상 자신 역시 기존의 선택을 고수한다. 현상이 유지된다. 우측통행에서 좌측통행으로 내시(조정)균형이 바뀌기 위해서는 다수가 동시에 선택을 변경해야 한다.

이러한 조정균형의 특징으로부터, 카카오톡의 시장지배력이 공고한 이유를 논리적으로 이해할 수 있다. 일단 카카오톡이 라인을 압도하면 카카오톡의 승리는 매우 지속적이다. 우여곡절 끝에 권력을 잡은 통치자가 쉽게 권력을 유지하는 이치도 마찬가지이다. 새로운 후보자의 등장을 막고, 엘리트의 소통을 막기만 하면 충분하다. 그들이 진심으로 자신을 사랑하고 존경하도록 할 필요는 없다. 세뇌는 권력을 안정적으로 유지하는 데 필수조건이 아니다. 구심점이 없고 소통할 수 없는 이들은 자신의 개인적 생각과 상관없이 계속해서 독재자를 공개적으로 지지한다. 그뿐 아니라 선택의 상호의존 탓에 기존의 조정균형은 더욱 공고해진다. 이제 새롭게 웹 메신저 서비스를 이용하려는 신참자들은 모두 카카오톡을 이용한다. 그리고 이들의 선택은 카카오톡의 지배력을 더욱 강화한다.

지금까지 논의의 편의상 조정의 균형점을 둘로 제한했다. 하지만 조정게임에서 균형점은 보통 다수이다. 앞서 대화를 하지 않고 같은 숫자를 적어 내야 하는 게임에서 가능한 균형점은 (1,1), (2,2)...(9,9), (10,10) 등 총 10개 지점이다. 만약 1에서 10이 아니라 1에서 100이라면 균형점은 100개가 된다. 세상 문화가 다양한 이유이다.

수많은 잠재적 균형점 중 하나를 게임의 내재적 논리로부터 추론하기 힘들다는 점이 이론적 엄밀성을 추구하는 경제학자들을 괴롭혀왔다. 조정게임의 균형점을 결정하는 공동지식의 내용은 역사와 문화 등 외생적 요인에 우연히 결정되기에 어쩔 수 없다. 문화가 형성하는 공동의 인식을 바탕으로 사회 구성원 전체는 특정 정치·경제 제도로 쏠린다. 제도는 다시 구성원의 공동지식을 더욱 공고히 한다. 경로 의존이다. 제도의 변경은 충분히 많은 이들이 함께 새로운 균형점으로 이동해야 가능하기에 환경의 점진적 변화가 사회의 질적 변화를 유도하지 못하는 경우가 많다. 많은 사회 제도가 좀체 바뀌지 않는 이유가 이것이다.[39] 하나의 경로로 진행하던 사회는 전쟁, 질병, 기근 등 외부에서 오는 충격에 직면하면서 변화의 갈림길에 선다. 이때 위대한 지도자와 그의 추종자들이 특정 내용의 공동지식을 다수에게 전파하고, 다른 조정균형점으로 사회 구성원을 몰아가면서 사회, 정치제도가 변한다. 역사 발전의 객관적 필연성을 주장하는 결정론적 설명이 타당하지 않은 이유가 이것이기도 하다.[40]

몰라서 더 나은 세상으로 가지 못하는 것이 아니다. 알아도 못 간다. 분명한 대안이 명명백백할지라도 모두가 함께 나선다는 공동지식이 없으면 사회는 나쁜 균형에서 좋은 균형으로 이동하지 못한다. 아프리카, 중앙아시아, 라틴아메리카 최빈국의 가난이 게으름 때문이라고 말하지 마라. 이들은 선진국으로 이민 가면 투잡은 기본이고 쓰리잡도 마다하지 않고 악착같이 일한다. 빈곤에서 쉽게 벗어나지 못하는 국가의 시민들은 공정한 경쟁을 통해 모두 잘살 수 있지만(좋은 균형), 지금처럼 부정과 부패 속에서 서로를 불신하고 지하경제에서 소규모 장사를 하면서 조그마한 파이에 만족(나쁜 균형)한다. 혼자 지하경제를 박차고 나오면 먹 잇감을 기다리는 부패한 공무원과 사회 유력인사들에게 재산을 빼앗긴다.[41] 소련 몰락 이후 혼란에 빠진 1990년대 러시아가 가장 극적인 예이다.[42]

모두가 힘을 합치면 이 상황을 타개하고 더 나은 경제 환경을 만들 수 있다. 많은 이가 함께하면 배신의 유혹도 사라진다. 앞의 표에서 다수가 함께할 경우 각자는 5의 보상을 얻는데 4의 보상을 위해 혼자 배신할 이유가 없다. 우리를 막는 것은 배신의 두려움이 아니라 소통의 부재다. 다수의 선택에 대한 다수의 확신이 없고 구성원의 행동 의지에 대한 상호 간의 믿음이 부재하기 때문에 더 나은 대안을 향해 구성원 전체가 나아가지 못한다. 루소의 유명한 노루 사냥 이야기가 이를 절묘하게 묘사한다. 혼자서 토끼를 잡는 것보다 함께 노루를 잡아 고기를 나누는 것이 모두에게 이익이지만, 다른 이들이 노루 사냥에 참여한다는 확신이 없기에 모두는 토끼 사냥에 만족한다. 토끼를 잡는 대신 혼자서만 노루 사냥에 나선다면 그날 저녁을 걸러야 한다.

만약 사회가 무기명 투표로 사회의 진로를 결정한다면, 사회는 경로 의존적 악순환에서 쉽게 벗어날 수 있다. 민주주의에서 투표용지를 종이 돌멩이paper stone라 부를 만하다. 투표자 개인은 다른 이의 동참을 걱정하지 않고 더 나은 대안을 독립적으로 선택할 것이다. 더는 동료 시민의 동참을 걱정하면서 자신의 진의를 숨기지 않아도 된다. 다수의 사적 의견의 변화는 그대로 집합적 결과에 반영된다. 선거가 새로운 세상을 원하는 을에게 엄청난 능력을 부여한 것이다. 많은 독재 정권에서 공정한 선거가 작동한다면 그렇게 강해 보이는 정권도 한순간에 무너질 것이다.

불행히도 공정한 선거제도는 주어지는 것이 아니라 쟁취하는 것이다. 광장으로 나아가 공동지식을 형성해서 새로운 조정을 달성해야 한다. 개개인의 마음이 바뀌었더라도 이들 다수가 동일한 목표를 향해 공개적으로 함께 거리로 나올 때 비로소 세상은 변한다. 광장으로 나와 모두가 모두를 볼 수 있을 때 세상은 변한다.

광장의 합리성, 수와 승산

신념과 확신에 차서 위험한 광장에 홀로 선 투사의 이미지는 영화의 한 장면 같다. 불행히도 머리띠 동여맨 많은 외로운 투사는 대부분 광장에서 실패했다. 아무리 숭고한 이상이라도 싸움의 냉혹한 현실을 벗어날 수 없다. 싸움은 계산이다. 승산, 비용, 편익의 방정식을 풀면서 우리는 정치적 결정의 수지타산을 살핀다. 많은 이들은 방정식의 기댓값이 좋지 않으면 광장을 떠나 집으로 돌아간다. 뜨거운 가슴을 움켜쥐고 투사는 혼자서 절규한다.

정복의 역사에서도 승산, 비용, 편익의 방정식을 확인할 수 있다. 우리 한민족이 오랫동안 독립 국가로 생존할 수 있던 이유로 필자는 우리의 저항정신과 함께 한반도의 산악 지형을 꼽는다. 여기에 덧붙여 활쏘기 능력도 한몫했다고 본다. 한민족의 별칭인 동이東夷의 '이夷'는 큰 '대大' 자와 활 '궁弓' 자를 결합한 한자이다. 제갈공명이 활을 잘 쏘는 자들이라며 군사적 충돌을 피하라고 말했을 정도이다. 이 모든 요소는 중국이 한반도로 영토 확장을 도모할 때 지불해야 하는 엄청난 비용을 의미한다. 진시황이 찾아 헤맸다고 전해지는 영생불사의 불로초가 없는 이상 저항정신이 투철한 사람들이 살고 있는 산악 지형의 한반도 정복은 중국 왕조에 수지타산이 맞지 않다.

이렇듯 영토의 크기는 궁극적으로 한계비용와 한계효용에 좌우된다. 주변 강대국에 비해 영토가 작은 우리나라의 국민은 나라가 크기를 바라는 마음을 갖고 있다. 영토 확장은 대체로 바람직한 것으로 인식된다. 그런데 로마의 몰락에서부터 소련의 해체까지, 제국은 무리한 정복이 야기하는 재정적 부담을 버티지 못했다. 이는 경제학적으로 말해 영토 한 단위를 얻을 때 발생하는 한계효용보다 관리와 통치에 들어가는 한계비용이 크기 때문이다. 전통시대 중국의 입장에서 한국은 한계효용보다 한계비용이 더 큰, 별로 매력적이지 않은 나라였을 것이다. 강한 저항정신을 가지고 산에서 활을 쏘면서 저항하는 우리 선조와 타협하는 편이 나았을 것이다. 여기에 우리가 독립을 유지할 수 있던 비결이 있지 않을까?[43]

스위스의 민주주의에서도 비용과 편익의 문제를 확인할 수 있다. 험난한 알프스산맥에 터를 잡은 스위스 사람들은 전투적이었다. 시계를 수출하기 훨씬 전 대표적인 수출품이 용병이었다. 아직도 바티칸의 근위병은 스위스 용병이 맡고 있다. 루이 16세를 끝까지 보위한 이들도 스위스 용병이었다. 스위스인의 전투성은 소위 전투축구를 연상키는 다소 과격한 축구 스타일에서도 감지할 수 있다. 2006년 독일월드컵 때 한국과 스위스전은 피가 흐르고 심한 부상이 속출한 경기였다.

전투적인 스위스인들이 애용한 무기가 석궁이다. 아들의 머리 위에 놓인 사과를 맞춘 빌헬름 텔의 이야기에서 우리는 스위스 석궁의 위력을 확인할 수 있다. 이러한 역사적 특징이 스위스의 민주주의로 이어졌다. 귀족의 억압과 약탈에 지친 스위스 민중은 밤에 몰래 산에서 내려와 악독한 귀족의 집을 약탈하고 산으로 도망간다. 뒤쫓아 힘겹게 산을 오르는 관군과 귀족의 사병을 향해 석궁을 쏘아대니 스위스 왕과 귀족은 당할 재간이 없다. 이런 일이 오랫동안 반복되면서 마침내 귀족들은 평민들에게 민주주의를 양보한다.[44]

비용과 편익만큼이나 승산이 정치적 선택에 영향을 미

친다. 승산과 편익은 기댓값을 만든다. 매주 누군가에게 희망을 주는 로또로 한번 생각해보자. 먼저 상금의 양이다. 엄청난 금액이다. 다음으로 당첨 확률이다. 당첨 금액에 확률을 곱한 값이 기댓값이다. 로또 가격은 기댓값보다 약간 높게 책정된다. 한번은 미국 주정부가 로또 가격을 기댓값보다 낮게 책정하는 실수를 저질렀다. 이를 눈치챈 이들이 당첨 확률이 거의 1에 근접할 정도로 로또를 구매해서 당첨된 적이 있다. 이 경우 구매자가 큰 이익을 남겼다.

전쟁이나 싸움에서도 편익(상금)과 승산(당첨 확률)이 동시에 작동한다. 전쟁이 왜 일어나는지 질문을 던져보자. 대다수가 이해관계의 차이와 갈등을 지목한다. 가지고 싶은 것, 뺏기고 싶지 않은 것들을 가지고 다툰다고 답한다. 그런데 승산에 대해서는 거의 언급이 없다. 손자는 바로 이 부분을 질타한다.

손자는 지피지기知彼知己는 백전불태百戰不殆이고 전쟁을 시작하기 전에 계산 먼저 하라고 가르친다. 무엇을 지피지기해야 하고 무엇을 계산해야 하는가? 바로 나와 상대의 세력과 승산이다. 『손자병법』 전체에 흐르는 사상은 백전불태일 뿐 아니라 '부전不戰'이다. 손자는 능수능란한 방식으로 우리의 힘을 한곳으로 모으고 적의 힘을 여러 장소로 분산시켜(아전적분我專敵分), 압도적인 힘의 우위를 바탕으로 싸우지 않고 적을 굴복시켜(부전이굴인지병不戰而屈人之兵) 온전한[全] 승리를 확보하는 장군이 최고의 장군이라고 설파한다. 부전승을 강조한 손자의 천재성은 전쟁에서 확률의 중요성을 간파했다는 데 있다.

전쟁을 잘하는 자는 압도적인 힘의 우위를 바탕으로 전쟁이 가지는 불확실성을 최소화하는 자이다. 그렇기에 전쟁의 신은 이름을 날릴 수 없다. 누가 봐도 이길 수밖에 없는 전쟁에서 이기기 때문이다. 그래서 사람들은 별다른 감흥을 받지 못한다. 반대로 전쟁의 신에 미치지 못하는 용맹한 장수의 이야기는 후세에 길이 전해진다. 수많은 적이 기다리고 있는 고지를 향해 돌격전을 감행하여 많은 희생자를 낸 끝에 고지를 점령했다. 이는 정말이지 훌륭한 영화의 소재이다. 그의 이름을 딴 거리가 만들어지고 그를 기념하는 사당과 동상이 만들어질 것이다. 그렇지만 당신이 왕이라면 당신의 선택은 분명 전쟁의 신일 것이다. 전쟁의 불확실성을 추호도 용납하지 않고 항상 압도적인 힘의 우위를 유지하여 쉬운 전쟁만을 하는 장수가 훨씬 믿음직하다.

만약 양쪽 모두 상대를 지피지기하여 각자가 계산한 자신과 상대의 승산이 비슷하면 전쟁은 없다. 대신 협상과 타협으로 양쪽 모두 만족할 수 있다. 로또를 하는 대신 로또의 기댓값에 상응하는 현금을 얻는 것과 동일하다. 전쟁에 국

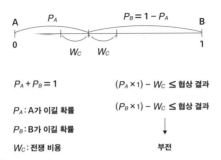

$$P_A + P_B = 1$$

P_A: A가 이길 확률

P_B: B가 이길 확률

W_C: 전쟁 비용

$(P_A \times 1) - W_C \leq$ **협상 결과**

$(P_B \times 1) - W_C \leq$ **협상 결과**

↓

부전

가의 명운이 달려(존망지도存亡之道) 있기에 살피지 않을 수 없다(불가불찰不可不察)는 말로 병법을 시작하는 손자는 전쟁이란 국가를 빈궁하게 하는 위험한 행위라고 규정한다. 전쟁의 이러한 특성 탓에 계산적인 행위자는 전쟁을 피할 충분한 유인이 있다. 전쟁에서 발생하는 고비용 탓에 협상의 여지가 충분히 크다. 협상을 통해 얻는 각자의 몫이 전쟁 비용을 제한 기댓값(P$_A$-W$_C$, P$_B$-W$_C$)보다 크다면 전쟁을 피하는 것이 합리적 선택이다. 서로가 서로의 힘과 승산을 지피지기하면 전쟁 대신 협상이다.[45]

승산으로 정치를 재조명할 경우 싸움이 발생하는 근본원인은 오만이다. 이솝이 이를 너무나 명쾌하게 이야기하고 있다.

모든 신이 저마다 제비로 뽑은 여자와 결혼했다. 전쟁은 마지막 제비를 뽑게 되어 있었다. 그러나 남은 것은 오만뿐이었다.

전쟁은 오만을 몹시도 사랑하여 결혼했다. 그래서 전쟁은 오
만이 가는 곳이면 어디든 따라다닌다.[46]

지피지기를 가로막는 가장 큰 적은 오만이다. 오만한 자
는 자신의 승률을 실제 이상으로 믿는다. 특별히 오만한 자
가 또 다른 오만한 자를 만나면 한판 대결을 피하기 어렵다.
각자가 믿는 자신의 승산을 합하면 확률값의 최대치인 1을
훌쩍 넘기 때문이다(P_A+P_B>1). 떡은 하나인데 양쪽 다 만족
시키려면 거의 두 개 정도는 필요할 테니 말이다. 이렇듯 오
만은 갈등하는 이들 사이의 협상과 타협을 가로막는 최대
의 장애물이다.

더 근본적으로 경제적 재산과 달리 정치적 세를 측정하
고 비교하기가 만만치 않다. 세가 엇비슷하면 승패의 전망
이 엇갈릴 수밖에 없다. 그런데 힘의 차이가 확연하다면 불
확실성은 사라진다. 압도적 힘의 우위가 중요하다. 싸우지
않고 이기는 부전이굴인지병不戰而屈人之兵이 가능해진다. 손자
의 표현대로 힘의 정도가 10대 1의 비율이면 아주 좋다.

이로부터 우리는 선거 부정을 새롭게 해석할 수 있다.
1990년 민주화될 때까지 멕시코는 오랫동안 제도혁명당이
헤게모니 정당으로 집권해왔다. 선거 부정을 일삼는 권위
주의 정권이었다. 그런데 당시 제도혁명당의 대중적 인기

는 야당을 이기기에 충분했다. 왜 선거에서 승리가 확실한 정당이 선거 부정을 저질러 정치적 정당성을 훼손하는가? 선거 부정에는 두 가지 종류가 있다. 결과를 뒤바꾸는 것과 표의 차이를 확대하는 것이다. 멕시코의 선거 부정은 결과를 바꾸는 것은 아니었다. 표의 차이를 확대하는 선거 부정은 도전 세력의 정치적 의지를 완전히 꺾어버리려는 의도에서 비롯된 불법이다.[47]

러시아에서도 심심찮게 부정선거 이야기가 들려온다. 승리가 확실한 푸틴이 굳이 선거 부정을 행해야 하는 이유도 마찬가지이다. 만약 야당 후보자 중 표를 상당히 많이 받은 자가 나오면 다음 선거에서 그를 중심으로 반대 세력이 결집하여 강하게 도전할 것이다. 재계와 언론계 등은 집권 세력뿐 아니라 도전 세력에도 줄을 대면서 권력 누수가 발생한다.[48] 선거 부정은 이러한 가능성을 사전에 제거하려는 시도이다. 완전한 힘의 격차를 느낀 상대의 포기로 부전승이 가능해진다.

이렇듯 정치에 참여한 이들의 선택은 승산에 따라 좌우된다. 그리고 싸움에서 승산을 유지하고 싶은 마음에 세력은 양분된다. 링에서 세 명의 선수가 싸우지 않듯 정치는 궁극적으로 양편으로 나뉘어 싸운다. 싸움을 시작하는 초반에는 다수의 선수가 링에 올라오는 경우가 왕왕 있다. 하지만 싸움이 진행되면서 이길 만한 선수 중심으로 세력이 재편되고 결국 강력한 두 명만이 남는다. 한 명의 후보가 강력해지면 이에 도전하는 반대 세력은 의견 차이와 감정적 호불호를 넘어 가장 가능성이 큰 자로 힘을 모은다.

국내 권력투쟁은 국가 간 갈등보다 더욱 복잡하다. 영토는 나누어 가질 수 있지만 권력은 분할하기가 쉽지 않다. 독재가 판을 치는 소련에서 이오시프 스탈린Joseph Stalin이 먼저 5년 동안 총서기장을 맡고 그의 경쟁자 레온 트로츠키Leon Trotsky가 다음 5년을 통치하는 식의 약속은 가당치 않다. 사실 성숙한 민주주의가 정착시킨 평화적이고 규칙적인 권력이양은 거의 기적에 가깝다. 권력은 권력을 불러오기에 먼저 권력을 잡은 쪽으로 세가 몰리고 급작스러운 쏠림이 발생한다. 따라서 권력투쟁에서 한 번의 방심, 실수, 양보는 큰 화를 불러올 수 있다. 그만큼 배신의 유혹이 크다. 소위 두 명의 죄수가 침묵을 약속했지만 한쪽만 발설하면 침묵을 지킨 쪽이 무기징역을 받는 일회성 죄수의 딜레마 상황이다. 약속을 어긴 자를 처벌할 제3의 심판자가 없는 국내 권력투쟁에서 타협과 약속이 어려운 이유이다.

국내 정치에서 세의 근본은 수數이다. 정치를 원하는 자는 광장으로 가서 수를 확보해야 한다. 수가 승산을 높이고 동시에 승산이 수를 불러온다. 그런데 체증곡선을 살펴보면 싸움 초반에는 참여자가 늘어나더라도 승산의 상승 정도가 미흡하다. 여기에 광장정치의 어려움이 있다.

수와 승산을 고려하면 비폭력 투쟁이 절대적이다. 철저히 비폭력 방식에 의거하여 정치 참여 비용을 낮추어야 한다. 그래야 더 많은 사람이 동참해 승산을 높일 수 있다. 비폭력은 인도주의적 도덕 원칙이 아니라 승리를 위한 현실적인 필요조건이다. 다음 장에서 승산을 높이는 다양한 전술을 더 자세히 논의한다.

이 모두를 종합하면 뮤지컬 〈레미제라블〉의 장면 하나하나가 새롭게 보인다. ABC 카페에는 혁명의 마차를 움직일 결심을 다지는 젊은이들이 자주 회합한다. 사랑에 빠진 마리우스를 놀리면서 혁명의 길에서 개개인은 그리 중요하지 않다며 비장한 각오를 되새긴다. 라마크 장군의 죽음을 알리는 비보가 전달된다. 혁명 조직의 지도자는 우리가 기다리는 신호가 왔다면서 모두를 불러 세우고 민중의 노래를 합창한다. 장군의 죽음과 연이어 그들이 세운 바리케이드가 파리 시민을 불러 모을 것이라는 기대에 차 목숨을 건 승부수를 던진다. 하지만 프랑스 민중의 동참을 이끌어내기에는 이들의 승리 가능성이 너무 낮았다. 정부군의 위력에 겁을 집어먹은 프랑스 민중은 거리로 나서는 대신, 문을 꽁꽁 닫아버린다. 학생들은 승리에 대한 확신을 버리지 않고 정부군과 맞서지만 자신들의 희망과 달리 어디에서도 도움을 얻지 못하고 죽어간다. 광장은 이들의 붉은 피로 물든다. 다음 장에서 광장정치의 근본 원리를 구체적으로 적용한 실천적 지침을 논의하자.

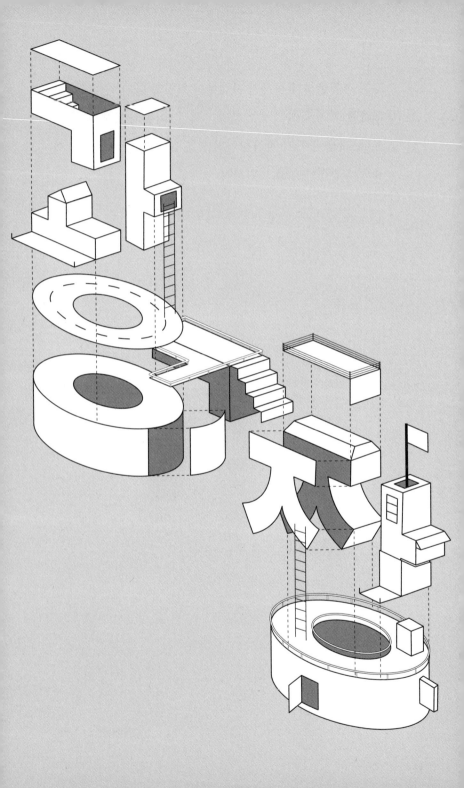

II

광장의
기술

1 ────────────────────────────

정치는 랏을 잘 돌리는 것

영화 〈라쇼몽〉 혹은 연극 〈다웃doubt〉을 보고 나면 사회적 사건의 진실에 대해 다시금 생각하게 된다. 고통받았다는 여인, 고통을 주었다는 남자, 그리고 제3의 관찰자가 나타나 각자의 이야기를 한다. 여인의 이야기에 공분을 느끼지만 극이 진행되면서 모든 게 뒤죽박죽이 된다. 실체를 파악하는 일이 만만치 않다.

범죄 행위만이 아니다. 현실의 애매모호함은 주위에 넘쳐난다. 세상의 모든 가치는 이중적이고 인간 행동의 의미는 애매모호하다. 그는 용감한 자인가, 무모한 자인가? 독립적인 자인가, 고집이 센 자인가? 신중한 자인가, 소심한 자인가? 누군가 나에게 이야기하다 살짝 입술을 내밀었다.

비웃음인가, 친근함의 표시인가? 누군가 몇 가지 나의 잘못을 이야기한다. 애정 어린 충고인가, 가시 돋친 비난인가? 냉정하고 머리가 비상한 자인가(소시오패스), 머리가 비상하고 냉정한 자인가(과학자)? 세금폭탄인가, 복지국가인가? 평화 공세인가, 퍼주기인가?

애매모호한 것은 현실만이 아니다. 우리의 기억도 마찬가지이다. 과거는 절대로 변하지 않는 사진이 아니다. 끊임없이 편집되고 재해석된다. 어쩌면 그래서 그리운 사람은 만나지 말아야 하는지도 모른다. 피천득의 수필 「인연」은 마지막이 절절하다. 세 번째는 아니 만나야 했다. 그렇다 아니 만나야 하는 인연이 있다. 우리의 기억은 현재의 이미지에 따라 변화무쌍하게 바뀌기 때문이다. 기억은 과거의 반영이 아니라 현재와 과거의 끊임없는 대화이다. E. H. 카^{Carr}의 『역사란 무엇인가^{What Is History}』라는 책의 유명한 구절을 닮았다.

내가 직접 관찰하지 못한 사건을 판단할 때는 애매모호함이 더욱 커진다. 당신이 주요한 자리에 지원했다. 그리고 아깝게 떨어졌다. 나중에 이야기를 듣는데 누가 반대했고, 누가 중립을 지켰고, 누가 지지했다고 한다. 조심하라. 이야기를 전하는 자 역시 자신의 편협한 이해관계로 왜곡과 편집을 심하게 한다. 양심의 정도에 따라 왜곡의 정도는 달라지겠지만 자신은 진실을 말하는 정직한 사람이라는 이미지를 유지하면서도 이야기를 적당히 요리할 수 있다. 심하게 고쳐진 사진만큼이나 이야기 역시 거짓의 경계를 분명히 넘지 않는 선에서 '포샵'된다.

우리는 대체로 정직하다. 문제는 정직의 폭이 넓다는 점이다. 심한 '포샵질'에도 여전히 프로필 사진은 나의 모습을 정확히 반영하고 있고, 나는 정직하게 이야기한다고 믿는다. 자신의 정직성을 스스로 의심하지 않는 범위 내에서 자신에게 유리하게 사건을 포장한다. 우리는 이를 자각하지 못한다. 자각한다면 자신의 정직성을 확신할 수 없다.

평소 우리는 현실의 애매모호함을 크게 느끼지 못한다. 현재의 감정과 기억 등에 따라 현실을 마음대로 재단하지만 굳이 도전하는 이가 없기에 다른 사람은 자신과 달리 볼 것이라는 상상을 하지 못한다. 하지만 다툼이 시작되고 무엇이 문제이고 무엇이 원인인지를 따지면서 우리 모두는 서로의 심대한 차이에 마주한다.[49] 이제 논쟁은 시작되었고, 당신은 어느 한쪽에도 마음을 주지 않고 객관적인 심판자를 자처한다. 그런데 이쪽저쪽에서 말 잘하는 이가 나타나 진심 어린 표정으로 조리 있게 말하는 통에 도대체 마음을 정할 수 없다.

도덕이 동기에 대한 책임이라면 정치는 결과에 대한 책

임이라고 막스 베버Max Weber는 말하지만[50] 정치적 결과는 상당히 애매모호하며 다양하게 해석될 수 있다. 그리고 주장되는 원인들 역시 다양하다. 정책과 결과 사이에는 수많은 변수가 작동한다. 좋은 선택이 나쁜 결과를 가져올 수 있고 나쁜 선택이 좋은 결과를 가져올 수도 있다. 스포츠로 치환하면 정치는 테니스가 아니라 축구이다. 테니스에서는 순위가 높은 선수가 불의의 부상을 당하지 않는 이상 거의 예외 없이 승리한다. 특히 세트 수가 많은 남자 선수의 게임에서는 정상급 선수가 한 수 아래의 선수에게 패하는 경우가 거의 없다. 근소한 실력 차이가 경기 결과에 여지없이 반영된다. 5세트 동안 수많은 게임이 있고, 이는 동전을 수백 번 던지는 것과 같다. 열 번 동전을 던졌을 때는 앞면과 뒷면의 수를 예측할 수 없지만 수백 번 던지면 거의 반반이다. 축구의 경우 전체 경기 결과를 예측하기도 어렵고, 선수 개개인을 평가하기도 어렵다.[51] 영국 프리미어 리그에서 최상위 팀의 평균 유효 슈팅은 15개 내외이다. 그리 많지 않은 시도로 운이 경기 결과를 좌우할 수 있다. 누구와 함께 뛰는가에 따라 손흥민 선수의 플레이가 달라지는 데서 확인할 수 있다. 축구 경기를 닮은 정치에서 정책의 성공은 운에 크게 좌우되기에 무수한 통계치가 쌓이지 않는 이상, 운과 능력을 제대로 구분하기 어렵다.

그렇기에 열심히 탓을 돌려야 한다. 실제로 정치를 하는 자는 결과를 만들어내는 데보다 아전인수 격으로 해석하는 데 더 많은 공을 들이는 듯하다. 하나의 거시적 사건에는 수많은 인과적 해석이 난무한다. 한 나라의 경제 발전 혹은 빈곤 등은 실험을 통해 경험적으로 인과성을 확증할 수 없다. 한국의 경제 발전을 예로 들어보자. 과연 한강의 기적은 어떻게 가능했는가? 4·19 혁명의 경험으로 민주적 압력이 상존했기 때문에 한국의 권위주의 정권은 여타 제3세계 권위주의 정권과 달리 경제 발전이라는 공공재를 공급할 정치적 압박을 받았다는 가설을 상상해볼 수 있다. 혹은 선의의 독재자가 경제 발전에 매진했다는 가설이 있을 수 있다. 각각의 인과적 설명은 당연히 정치적 의도를 품고 있다.

피할 수 없는 애매모호함과 정치적 결과에 미치는 우연과 운의 상당한 영향력 탓에 신념이 강한 누군가를 설득하기란 너무나 어렵다. 인과관계를 명확히 설정하거나 운의 정도를 가늠하기 어려운 정치적 현실 속에서, 가설에 부합하는 증거만을 찾아 헤매는 확증편향confirmation bias은 무럭무럭 자란다. 가설이 틀렸음을 검증하려는 마음은 소위 전문적으로 훈련을 받은 자에게서도 발견하기 어렵다. 자신의 전문 영역을 벗어나는 순간 우리 모두는 너무나 인간적으로 사건을 판단한다. 사실 모든 증거가 하나의 가설에 딱

들어맞는 사건은 없다. 설명할 수 없는 증거는 가설에 반하는 것으로 치환되고 가설을 지지하는 차고 넘치는 증거는 쉽게 무시된다. 결국 믿는 자의 마음속에서 음모론은 확증된다.

정치는 그래서 떠드는 것이다. '묵묵히 진심으로 행동하면 내 마음을 알아주겠지'라는 생각은 착각일 가능성이 높다. 특히 당신만큼이나 이쪽저쪽에서 떠들어대는 통에 엄청난 소음이 발생한다. 이 과정에서 거짓이 완전히 승리할 수도 있다. 한비자韓非子가 이야기한 삼인성호三人成虎를 생각해보자. 왕의 명을 받아 먼 길을 떠나는 충신이 왕의 마음이 흔들릴까 걱정하자 왕은 자신을 믿어달라고 당부한다. 그러자 충신은 왕에게 묻는다. "만약 어떤 이가 시장에 호랑이가 나타났다고 고하면 믿으시겠습니까?" 왕은 대답한다. "누가 그 말을 믿겠는가?" "두 번째 사람이 나타나 호랑이를 보았다고 하면 믿으시겠습니까?" 왕은 대답한다. "아니다." "그렇다면 세 번째 사람이 똑같은 이야기를 한다면 어떡하시겠습니까?" 왕은 대답한다. "만약 세 명이 같은 이야기를 한다면 믿어야 하지 않겠는가?" 이 말을 들은 충신은 고향으로 돌아가 은둔했다. 『한비자韓非子』의 「고분孤憤」 편에는 충신의 외로움과 고통이 더욱 절실하게 표현되어 있다. "한 개의 입으로 어찌 백 개의 입을 이길 수 있겠는가"라며 그는 절절히 고변하고 있다.[52] 많은 이들이 한목소리로 떠들어대는 거짓이 고독한 진실을 이긴다.

잘하는 자가 아니라 우기는 자가 이긴다. 이는 근본적으로 우리의 인식이 현실을 온전히 반영하는 거울이 결코 아니기 때문이다. 세 명의 야구 심판 이야기가 절묘하다.

갑: 나는 내가 본 대로 스트라이크와 볼을 판정한다.
을: 나는 있는 그대로 스트라이크와 볼을 판정한다.
병: 내가 판정하기 전까지 공은 스트라이크도 볼도 아니다.

개인의 성격, 인성, 리더십 등 다면적 문제를 평가할 때 우리는 갑처럼 인식의 편향적 프레임에 갇힌 채 바라보면서도 을처럼 있는 그대로 판단한다고 믿는다.[53] 물고기의 물처럼 우리는 머릿속에 들어 있는 다양한 마음의 잣대를 자각할 수 없다. 그리고 자신의 객관성을 확신한다.

탓을 열심히 돌리기 위할 뿐 아니라 무엇이 문제인지를 알리기 위해서도 떠들고 떠들도록 도와주어야 한다. 문제가 문제로 인식되려면 많은 사람이 계속해서 떠들어야 한다. 우리는 모두 바쁘고 정신없다. 우리는 과학적으로 문제를 분석하는 대신 얼마나 자주 많은 사람이 이야기하는가라는 간단하지만 잠재적으로 큰 오류가 발생할 수 있는 인식의 지름길에 의존한다. 10대 청소년의 폭력 문제가 크게 뉴스에 오르내린 적이 있다. 매일 학교폭력이 전국 이디에선가 일어나고 있음이 분명해졌다. 이를 보면서 누군가 이렇게 말한다. "학교폭력이 왜 이렇게 갑자기 늘었지?" 사람들은 요즈음 10대들이 큰 문제라는 식으로 걱정한다. 우리는 보도의 변화 대신 세상을 한탄한다. 그렇지만 폭행이 늘어난 것이 아니라, 폭행에 대한 기사가 늘었다고 보는 편이 더욱 정확하다.

자신의 문제를 정치적 문제로 만들려면 증폭기가 필요하다. 사건을 보도하고, 사건에 대한 반응을 보도하고, 반응에 대한 반응을 보도하는 식이다. 보도가 보도로 이어지는 것은 문제를 정치화하는 데 유용한 방법이다. 우리 마음속에 얼마나 쉽게 떠오르는가로 문제의 심각성을 판단하는 우리의 인식 편향인 가용성 어림법availability heuristic 때문이다. 문제의 객관적 심각성 정도(사망자의 수 등)와 상관없이 얼마나 자주 문제가 언론에 보도되는가에 따라 모두의 관심이 한쪽으로 쏠린다. 그래서인지 능숙한 자들은 문제를 언론에 터뜨릴 때 한 번에 모든 패를 다 보여주지 않는다. 조금씩 상대의 반응을 보면서 증거 수위를 높인다. 이는 사람의 이목을 집중시켜 판을 키우는 방식이다.

불행히도 정치는 논리 싸움이 아니다. 주목을 끌기 위한 퍼포먼스가 중요하다. 심리학이 파헤치고 있는 것처럼 우리의 자화상은 우리가 믿고 싶은 것보다 훨씬 더 동물적이다. 진화적으로 앞서 만들어진 후진적인 뇌(뇌간과 소뇌)가 결정하면 가장 최근에 만들어진 선진적인 대뇌피질이 따르는 식이다. 아주 오래전에 만들어진 뇌와 현대의 물질문명 사이의 갈등에서 우리는 뇌의 진화적 유산을 확인할 수 있다. 예들 들어 독이 든 음식이 들어오지 않았지만 인간의 다양한 교통수단이 만들어내는 착각 탓에 뇌는 음식물을 토할 것을 명령한다. 멀미이다.[54]

그래서 정치는 참으로 동양적인 겸양의 미덕과는 맞지 않는다. 탓을 돌리기 위해 주요 내용을 지겹도록 반복해야 한다. '저요, 저요'라며 손을 바짝 치켜드는 초등학생처럼 말이다. 다른 사람 마음이 내 마음 같지 않고, 그들은 내 머릿속에 들어올 수 없다. 나는 분명히 정확한 리듬으로 우리 모두가 알고 있는 노래를 손뼉 쳤다. 상대는 도통 알 수 없다.[55] 나는 나의 생각을 안다. 그리고 남들도 나의 생각을 쉽게 이해하리라 믿는다. 왜냐하면 수천 번 마음속으로 생각해보았기에 나에게 너무나 명확해 보이니 말이다. 이는 많은 경우 착각이다. 나의 용어와 의도를 다른 이들도 쉽게 알아차릴 것이라는 생각은 금물이다.[56] 인간은 개인으로 분리되어 있다. 이심전심은 아주 구체적으로 정의된 분명한 상황에서나 가능하다. 익숙한 상황에 놓인 오랜 친구 사이에나 말이다. 그렇지 않다면 열심히 떠들어야 한다. 쉬운 단어와 기억에 남을 문구를 반복함으로써 많은 이들이 서로 생각을 공유한다고 믿을 수 있도록 도와주어야 한다.

사회 전체를 가르는 광범위한 전선을 만들지 못하는 사회 문제는 그 객관적 심각성과 상관없이 정치적 관심사가 되지 못한다. 우리나라에서 뜻밖의 불행을 초래하는 심각한 문제 중 하나가 교통사고이다. 수많은 시민이 동료 시민의 건강과 안위가 걸린 문제를 들고 광장에 나선다. 그런데 왜 우리는 교통사고를 가지고 시위를 하지 못하는가? 우리는 사회적·경제적으로 중요한 문제가 정치적 의제의 중심에 자리할 것이라 막연히 생각한다. 정치는 그렇지 않다.

정치는 불행히도 사실을 두고 다투는 과학이 아니다. 구체적인 사실은 틀릴지라도 전략적으로 유리한 방향을 잡은 쪽이 이기는 싸움이다. 사실이 틀렸다고 이를 바로잡고자 노력하지 마라. 차라리 조롱당할지라도 계속 우겨라. 싸움에서는 내가 유리한 전선을 긋는 것이 중요하다. 비판받는 것은 나쁘지 않다. 무시당하는 것이 위험하다. 선제적으로 과장된 언사를 통해 자신에게 유리한 전선을 선점해야 한다. 과장된 표현과 주장은 판을 흔드는 데 필요한 전술이다. 트럼프가 국경에 벽을 세우겠다고 하자 반대 세력들이 들

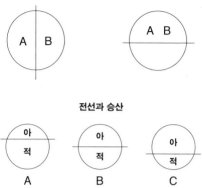

전선에 따른 적과 아

전선과 승산

고 일어난다. 언론은 그의 과장되고 경박한 표현과 주장이 독자의 흥미를 자극하기에 연일 보도해준다. 미디어는 사실보다는 자극을 원한다. 자극적인 기사만이 독자의 주목을 끌 수 있다. 독자는 수많은 정보를 걸러낸다. 그렇지 않다면 정보의 홍수 속에서 허우적거릴 것이다. 일반적이고 평이한 주장은 필터에 걸려 독자의 머릿속으로 침투할 수 없다. 결국 미디어의 입맛에 맞아 연일 보도되는 얼토당토 않은 국경 장벽 문제로 트럼프가 원하는 프레임이 형성되고 전선이 그어진다.

광장의 지도자는 어디에 전선을 그을지 심사숙고해야 한다. 이기기 위해 우리 편을 최대한 늘리고 적을 고립시켜야 한다. 적과 아의 수는 그어진 갈등선에 좌우된다. 전선을 어떻게 긋는가에 따라 적과 아가 바뀌고, 잠재적인 우리 편의 수가 정해진다. 앞 쪽의 첫 번째 그림은 전선에 따라 적과 아가 바뀌는 상황을 묘사하고 있다. 세로로 그어진 전선에서 서로 적인 A와 B는 가로 전선에서는 한편이 된다. 두 번째 그림은 전선의 위치에 따라 승산이 변화는 과정을 묘사하고 있다. 전선을 아래로 그을수록 우리의 승산은 크게 높아진다($P(A) < P(B) < P(C)$). 여기서 한 가지 주의할 점이 있다. 한번 그어진 전선은 우리의 관심과 에너지를 빨아들여 좀처럼 움직이지 않는다. 다른 전선을 긋고 새로운 싸움을 시작하기가 쉽지 않다.

구도자를 감동시키는 경전인 『숫타니파타』에서 말하듯 "무소의 뿔처럼 혼자서" 가면 패배의 길이다. 떠드는 자가 이긴다. 자기 팔은 자기가 흔들어야 한다. 혼자 수양만 할 것이면 개혁은 포기해야 한다.

2 ───────────────────────────

핵심 대중을 준비하라

한비자는 공자孔子를 비판한다. 그렇게 훌륭한 공자가 평생 교육시켜 자신을 따르도록 한 이가 겨우 수십 명에 불과한데, 어찌 그런 식으로 세상을 경영할 수 있느냐고. 그렇지만 오랜 세월이 지난 후 공자의 제자가 이룩한 변화를 본다면 생각이 달라졌을 것이다. 공자의 수제자는 집단행동의 관점에서 보았을 때 핵심 대중이다. 기독교를 전파하는 데 핵심적 역할을 한 예수의 개종한 제자 파울루스(바오로)처럼 말이다.

우리는 광장으로 나가기 전에 핵심 대중을 마련해야 한다. 이들을 어떻게 마련해야 하는지를 살피기 전에 핵심 대중이 얼마나 중요한지, 광장정치가 전개되는 과정을 다시 한번 살펴보자.

시민의 광장이 커지는 과정은 체증곡선을 닮았다. 광장으로 결집하는 초기, 광장정치는 아직 안전하지도 않고 성공 가능성도 높지 않다. 공권력뿐 아니라 민주사회에서도 여전히 작동하는 사회적 압력과 인격 살인이 우리의 두려움을 일깨운다. 합리적으로 비용과 편익을 계산하는 우리 대부분은 좀처럼 광장으로 나오지 않는다. 참여자가 조금 늘어난다고 해서 합리적 계산 값이 눈에 띄게 나아지지 않는다. 심지어 초기 광장에 들어온 이들 중 일부가 광장을 떠난다. 시간은 모든 것을 변화시키지만 무엇보다 열정을 갉아 먹어버린다. 열정이 약해진 일부가 광장을 떠나면서 나머지가 연쇄적으로 이탈한다.

이는 중고차 시장의 어려움과 비슷하다. 팔려는 자는 자기 차의 상태가 어떤지를 알고 있지만, 사려는 자는 의심과 회의에 가득 찬 눈빛으로 차를 살펴봐도 이 차의 속사정을 알기 어렵다. 정보의 비대칭성information asymmetry이다. 이런 이유로 중고차 시장 가격은 전체 품질의 평균 정도를 반영하는 선에서 책정되기 일쑤이다. 좋은 중고차를 가진 판매자는 가격이 마음에 들지 않아 차 팔기를 포기하고 시장을 떠난다. 이제 중고 시장에 나온 차의 평균 수준은 더욱 낮아지고, 이를 반영해서 가격이 조금 더 하락한다. 이는 또 다른 중고차 판매자의 이탈을 가져온다. 정보의 비대칭성을 해소할 장치를 마련하지 못할 경우 연쇄적 이탈로 인해 중고차 시장에는 정말로 문제 있는 차들만 남게 된다.[57]

미국에서 흑인과 백인의 주거 분리 현상도 이와 비슷하다. 미국 사회를 걱정하는 식자층은 백인과 흑인의 거주지가 철저히 분리되는 모습을 보면서 미국인의 인종주의가 심각해졌다고 개탄한다. 얼핏 타당해 보이는 이 평가는 특정 집단행동에 참여하는 이들은 모두 같은 생각과 태도를 가지고 있다고 가정하고 있다. 이 단순한 가정은 많은 경우 맞지 않다. 모두가 교실에 들어와 앉아 있다고 해서 모두의 마음이 같은 것이 아니다. 어떤 이는 학구열에 불타서 들어오고, 다른 이는 마지못해 앉아 있다. 모두가 감기에 걸렸다고 모두 비슷한 면역력을 가졌다고 가정하지는 않는다. 흑백분리 역시 미국의 백인이 모두 인종주의자이기 때문이 아니다. 흑인과 백인이 섞여 살던 마을에서 몇몇 인종주의자들이 흑인과 살기 싫다며 떠난다. 이는 마을 내 흑인의 비율을 다소 높이게 되고, 이를 불편하게 느낀 몇몇 백인이 떠난다. 이는 다시 흑인 비율을 높이고, 결국 소수로 남기 싫은 백인들마저 떠난다. 이러한 연쇄반응으로 흑인과 백인이 철저히 분리되는 것이다.[58]

광장은 대부분 붕괴한 중고차 시장 혹은 미국의 인종분

리처럼 소멸한다. 열 명의 사람이 광장에 나섰다. 마지막 열 번째 참가자는 열한 명 이상을 기대했다. 실망한 그는 광장을 떠나고, 남아 있는 사람인 아홉 명이 충분치 않다고 생각한 아홉 번째 참가자가 다시 떠난다. 이렇게 광장은 성냥불처럼 소멸한다.

소멸이 아닌 상승의 연쇄를 위해 필요한 이들이 바로 핵심 대중이다. 핵심 대중은 다양하게 정의할 수 있다. 일반적인 용법상, 단단한 믿음으로 뭉친 소수의 선도 세력인 전위 조직이라는 이미지가 연상된다. 여기서 나는 핵심 대중을 '상승의 연쇄를 일으키기에 필요한 최소 크기의 집단'으로 정의한다. 체증곡선의 그래프로 이야기하면 접선의 기울기가 급격히 증가하는 티핑포인트에 도달하는 대중의 수라 할 수 있다.

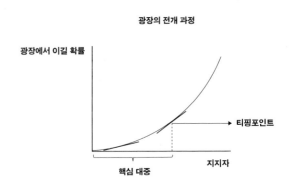

광장의 전개 과정

집단행동의 성공 가능성이 낮고 위험할 경우 핵심 대중은 순차적으로 나타나선 안 된다. 일시에 들고 일어나서 소심한 자들의 동참을 유도할 수 있을 만큼 충분한 세를 보여야 한다. 이 경우 핵심 대중은 전위조직과 유사하다.

　　붕괴한 중고차 시장이나 백인이 사라진 마을과 달리 성공한 광장의 정치는 카카오톡처럼 상승의 연쇄를 불러오고, 여기에는 핵심 대중이 있다. 핵심 대중이 체증곡선의 완만한 구간을 버티고 이끌어주면서 불쏘시개 역할을 한다. 이들 덕분에 참여자의 수가 티핑포인트를 지나면서 접선의 기울기는 빠르게 상승한다. 이는 참여자 한 명 한 명의 정치적 기여도가 커진다는 의미이다. 자신의 참여로 인해 승리의 가능성이 가파르게 상승하기에 추종자들은 합리적으로 동참을 결정한다.

　　핵심 대중은 티핑포인트까지 혁명의 마차를 힘겹게 끌고 가는 말이기도 하지만 가끔은 화약통의 심지이기도 하다. 체증곡선의 이미지와 달리 폭발적인 힘을 순식간에 발휘하기도 한다. 절대다수가 준비되어 있지만 나 말고 누군가가 앞장서주기를 바라는 상황이다. 혁명의 폭풍 전야를 다음 표로 정리할 수 있다. 이 표는 10명이 사는 사회를 가정하고 있다. 알파벳은 각각의 시민을 표시한다.[59]

　　표에서 문턱값은 각자가 공개적 혁명 동참을 결행할 때

행위자	A	B	C	D	E	F	G	H	I	J
문턱값	1	1	2	2	2	2	3	4	8	9

각자가 충분하다고 믿는, 거리에 나온 최소 동료 시민의 수를 나타낸다. 감기 등 전염병처럼 혁명에 전염되는 데 필요한 사람의 수로도 이해할 수 있다. 용감성, 불만, 신념의 정도 등 다양한 개인적 특질이 문턱값을 결정한다고 볼 수 있다. 위의 사회는 80퍼센트에 달하는 시민들(A-H)이 현 질서에 상당한 불만을 품고 있다. 그렇지만 정권의 억압 혹은 동료 시민의 행동 의지에 대한 회의 등으로 겉으로는 매우 평온한 사회처럼 보인다. 촉발자가 필요하다. 만약 A 혹은 B 중 한 명이 정권으로부터 심한 모욕을 당했거나 정권을 종이호랑이라 믿게 되어 문턱값이 1에서 0으로 바뀌는 순간, 평온해 보였던 사회는 폭발하게 된다. 연쇄 작용의 결과, 심지어 정권을 추종하는 I와 J마저도 시위에 동참한다. 아마도 해방의 날 상당수 골수 친일파도 거리로 쏟아져 나오지 않았을까 의심한다.[60]

이러한 혁명의 폭발은 나비의 날갯짓이 지구 반대편에 거대한 폭풍우를 가져온다는 나비효과를 닮았다. 북아프리카의 튀니지에서 노점을 하던 대학 졸업생이 경찰의 횡포에 분을 참지 못해 온몸에 불을 지르고 자살했다. 이 사건은 어쩌면 한 줄 기사도 남기지 못하고 끝날 수도 있었다. 그런데 젊은 노점상이 분신하고 한 달쯤 뒤 24년을 통치한 튀니지의 독재자가 망명한다. 민주화의 불꽃은 이웃한 이집트로 번져 독재자 호스니 무바라크Hosni Mubarak(1981~2011년 집권)를 시위 시작 거의 일주일 만에 몰아낸다. 인근 리비아로 혁명의 열기가 옮겨붙어 내전이 벌어지고, 마침내 패배한 독재자 무아마르 알 카다피Muammar al Gaddafi가 하수구에 숨어 있다 마을 청년에 발각되어 사살된다. 아랍의 민주화 운동은 최근에 논쟁이 되었던 3·1 운동의 전개 과정을 닮았다. 태화관에 모인 민족 대표의 투항과 상관없이 거리에서 함성을 지른 젊은이들의 자발적 만세운동이 전체 민중의 거대한 비폭력투쟁으로 이어졌다는 주장이 사회과학적으로 타당하다.

사소한 사건이 거대한 결과를 불러일으키는 상황을 우리는 일상에서 쉽게 확인할 수 있다. 100명 정도를 수용할 수 있는 강의실에 빈자리가 보이지 않을 정도로 수강생이 빼곡히 차 있다. 그런데 평소 수업에 들어오지 않던 학생이 무심코 앞자리에 앉는다. 이 선택은 일대 혼란을 야기한다. 평소 그 자리에 앉던 학생(꾸준한 점유를 통해 사용권을 주장할 수 있는 자)은 괴롭다. 자신은 다른 자리의 실제적 주인이 누구인지 알기 때문이다. 그렇지만 어떡하겠는가? 그는 어쩔 수 없이 다른 자리로 옮겨 앉는다. 연쇄 반응이 일어나면서 모두 어디에 앉을지 고민하고 주저한다. 혼란이다. 수업에서 발생한 나비효과이다.

팽팽하게 당겨진 고무줄 같은 사회에서 핵심 대중은 촉발자이다. 루마니아의 독재자 니콜라에 차우셰스쿠^Nicolae Ceaușescu는 인구 증가만이 국력의 지름길이라 믿고, 생리하는 여성에게 세금을 부과하는 어처구니없는 정책을 추진했다. 대다수 가난한 루마니아 가정들은 무리하게 나은 아이를 형편없는 시설의 고아원에 맡길 수밖에 없었다. 훗날 이 아이들은 제대로 된 보살핌을 받지 못해 정서적·인지적으로 치명적인 발달장애를 안게 되었다. 시민들은 북한을 방문한 후 김일성을 닮고 싶어 했던 공산 루마니아의 독재자를 속으로 경멸했지만 아무도 행동에 나서지 않았다. 누구라도 나서기만 한다면 많은 이가 따를 준비가 되어 있었음이 사후적으로 판명났지만 사전적으로 알 수 없기에 모두 침묵하고 묵묵히 지시에 순응했다. 1989년 12월 추운 겨울날 독재자는 광장으로 시민을 모은다. 그런데 구도시의 광장은 반듯한 사각형이 아니었다. 여기저기 구석진 곳이 있고, 흩어져 걸린 플래카드 등으로 다소 혼란스러웠다. 그때 누군가 군중 속에서 소리쳐 외친다. "차우셰스쿠를 타도하자." 이에 관제 데모에 동원된 부쿠레슈티 시민들이 화답하고, 기세에 놀란 차우셰스쿠의 표정이 생중계로 방송되었다. 당황한 차우셰스쿠 부부는 중앙위원회 건물 옥상에 마련된 헬기를 타고 도망쳐 길을 헤매다 며칠 후 총살형을 당했다. 총살장에 끌려가는 노부부는 고압적인 태도로 군인을 대하고, 소리 내어 노래를 불렀다. 여전히 권력의 환각에서 벗어나지 못한 듯했다.

핵심 대중이 광장을 이끌어 가야 하는 초기 단계에는 커다란 어려움이 있다. 앞서 광장의 전개 과정 그래프에서도 나타나듯이 초반에는 성공 가능성이 좀처럼 상승하지 않는다. 초기 단계에서는 한 사람의 기여가 승산에 미치는 영향이 미미하다. 합리적으로 계산한다면 광장에 먼저 모이는 것은 무모해 보인다. 공공재의 특징을 지닌 사회 개혁이 특별히 자신에게 대단한 사적 이익을 주는 것도 아니고, 성공 가능성이 무척 낮기에 합리적 기댓값(확률×보상)도 매우 작다.

예상되는 사적 이익은 적은 반면 '집회 및 시위에 관한 법률' 위반 등 법적 처벌로 인한 비용은 크다. 법적 처벌과 함께 새로운 세상을 믿는 핵심 대중은 또 다른 고통을 겪기 마련이다. 세상의 멸시와 비웃음이다. 플라톤의 동굴의 우상은 마지막이 더욱 슬프다. 이제 빛을 본 자는 어둠에서 제대로 보지도 걷지도 못한다. 다들 불편함 없이 생활하는 동굴에서 넘어지고 벽에 부딪히는 그를 주변 사람들은 조롱한다. 적은 기댓값에서 상당한 집단행동 비용을 제하면 0보다 적은 음의 값이 나온다. 많은 이들은 합리적으로 광장을 포기한다.

그래서 어쩌면 그들은 미쳐야 하는지도 모른다. 핵심 대중은 세상을 바꿀 수 있다고 믿을 만큼 미친 자들이다. 애플사가 인용해서 유명해진 작자 미상의 시는 사회 변화에서 선도 세력의 특징을 제대로 표현하고 있다. "여기 미친 이들이 있다. 부적응자, 혁명가, 문제아 모두 사회에 부적격인 사람들이다. … 세상을 바꿀 수 있다고 믿을 만큼 미친 자"들이다. 사람의 성향은 다양하다. 많은 이들이 로또를 사지 않지만 자주 사는 이도 있다. 당첨될 확률에 상금액을 곱하여 나온 액수가 로또의 기댓값이다. 우리 대부분에게는 로또 가격이 기댓값을 크게 웃돈다. 대의에 동의하지만 선뜻 광장에 나서지 않는 이들은 비싼 로또를 사지 않는 마음을 닮았다. 당첨된 미래의 행복을 그릴 만큼 상상력이 풍부하고 당첨 확률을 객관적 수치 이상으로 믿는 낙관적 몽상가가 월요일에 로또를 구매한다.

세상을 바꾸고 싶다면 당신을 당혹하게 만드는 자를 참아내야 한다. 세상이 만들어놓은 규칙을 잘 지키는 모범생보다 오히려 규칙에 힘들어하는 자를 소중히 여겨야 한다.

합리적 계산에 충실한 자는 혁명의 마차를 움직일 수 없다. 다소 예의에 어긋나지만 침묵의 카르텔을 거부하고 과감히 질문하는 학생이 수동적인 강의실의 분위기를 바꿀 수 있다. 이들마저 선생님의 꾸지람 탓에 침묵 모드로 돌아서는 순간 토론식 수업은 물 건너간다.

그렇다면 미친 자는 진정 반항적인 외톨이인가? 이에 대한 답은 최근에 이루어진 자살 테러를 자행하는 자들에 대한 연구에서 간접적으로 찾을 수 있다. 분명히 나는 비폭력이 광장의 절대 원칙이어야 한다고 생각한다. 자살 테러를 살피는 이유는 그 선택이 경제적 합리성에서 완전히 벗어나 있어 보이기 때문이다. 그런데 IS가 출현하기 이전 자살 테러 연구에서 내린 결론은 자살 테러의 주동자들이 고립된 외로운 늑대와는 대부분 거리가 멀다는 사실이다. 오히려 이들은 상당히 밀도 있게 형성된 공동체의 지지와 성원을 업고 있다. 자신을 길이 기억해줄 수많은 청중이 뒤에 있다.[61] 사실 혼자 미쳐 날뛰는 삐뚤어진 성격을 지닌 자가 몇 년에 걸친 비행 훈련을 마칠 수는 없는 노릇이다.

영화 〈아저씨〉에서 우리는 미친 자의 또 다른 특징을 발견할 수 있다. "니들은 내일만 보고 살지. 내일만 사는 놈은 오늘만 사는 놈한테 죽는다. 난 오늘만 산다. 그게 얼마나 × 같은 건지 내가 보여줄게." 멋진 대사를 날리며 나쁜 놈을

쫓는다. '아저씨'도 미친 자이다. 오늘만 산다는 건 아마도 내일을 걱정하면서 오늘 과감하게 행동하지 못하는 것을 막기 위한 선제적 방책이다. 이는 이순신 장군이 이야기한 필사즉생必死則生과 맞닿아 있다. 죽을 수도 있는 미래를 염두에 두지 말고 지금 한순간 한순간의 전투에 집중하라는 말처럼 들린다.

이와 비슷한 이야기를 한 이가 한국 국가대표 축구팀 주장 손흥민이다. 2018년 러시아 월드컵 조별예선 독일과의 경기에서 우리나라는 독일에 2 대 0으로 이겼다. 시합이 끝난 후 인터뷰에서 골키퍼 조현우는 손흥민 선수가 전반전이 끝나고 "쫄지마"라고 외친 뒤 선수들의 눈빛이 달라졌다고 전했다. 승리의 가능성이 희박한 상황에서 승리하기 위해서는 "쫄지 말아야" 한다. 걱정과 두려움으로 생각이 많아지면 훈련을 통해 몸에 밴 동작을 제대로 할 수 없어 실수를 연발한다. 그래서일까? 많은 이들은 두려움 대신 차분하게 평정심을 찾으라고 권유한다. 이는 그리 타당한 조언이 아니다. 두려움이 이미 우리 몸을 활성화시킨 상태에서 차분해지려는 것은 달리는 차에 브레이크를 밟는 행위와 비슷하다. 오히려 감정적 흥분을 자신감으로 승화시키는 편이 훨씬 낫다. 결전의 날이 다가오는 와중에 핵심 대중에게는 두려움도, 평정심도 아닌 자신감이 필요하다.

이와 반대로 승리가 확실해지는 순간에는 걱정을 앞세워야 한다. 한국전이 끝나고 인터뷰에서 독일의 노장 선수 마츠 훔멜스는 한 골을 실점하고 몇 분 남지 않은 상황에서도 독일의 승리를 의심하지 않았다고 한다. 경기에 나오기 전부터 독일 감독은 두 골 차 이상의 승리를 믿는다고 공공연히 말했다. 독일 감독은 선수들에게 혹여 질 수 있다는 걱정을 앞세워 초반 탈락이라는 최악의 시나리오를 염려하게 해야 했다. 16강 진출에 실패하고, 패배로 자존심에 큰 멍이 든다는 걱정을 했다면 주요 찬스에서 더 집중력을 발휘했을 것이다.[62)]

미래보다 현재에 집중하는 '쫄지 않는' 미친 자는 또한 물질적 보상을 넘어서는 숭고한 가치를 믿는다. 공동체적 가치를 믿는 미친 자와 지도자의 관계는 교환이 아니다. 각자의 기여에 대한 즉각적이고 균형 잡힌 보상을 전제로 하는 교환관계에서는 희생과 인내를 기대할 수 없다. 가치를 공유할 때 어려운 시기를 함께 극복할 수 있다. 연인관계를 시작하면서 만약 당신이 즉각적이고 상응하는 보상을 원하는 마음을 상대에게 보인다면 열정적인 포옹은 기대하지 마라. 가치를 중심에 둔 관계는 그만큼 조심스럽고 어렵다. 킹 목사는 "I have a dream"이라는 선언으로 연설을 시작한다. "그가 'I have a plan'으로 연설을 시작했다면 감동은 없었을 것"이라는 해석이 흥미롭다.[63] 핵심 대중과 초기 추종 세력을 물질적으로 조작하지 마라. 이렇게 하면 이런 보상이 생긴다는 말 대신 광장으로 가야 하는 이유를 분명히 해야 한다. 집단행동을 통해 사회를 개혁한다는 것은 기업을 운영하는 것이 아니다. 가치를 부여잡고 가치에 호소하는 일이다. 아직 대세가 형성되지 않은 불안한 시기에 자신을 믿고 따르는 자는 이익이 아니라 당신의 가치에 동의하는 것이다. 여기에도 함정은 있다. 주의사항에서 다루겠지만 특정 가치가 모든 사안을 재단해버리는 이데올로기로 전락해서는 안 된다.[64]

능력 있는 지도자가 아니라 가치를 공유하는 지도자에게 우리는 감동한다. 가치는 열정의 원천이다. 아무리 좋은 정책도 정체성을 이기지 못한다. 가치를 분명히 하지 않은 상태에서 자신의 능력에만 호소해서는 시민들에게 별다른 충격을 주지 못한다. 호불호가 계산적 합리성을 이기는 이유이다. 이는 강력한 생물학적 근거를 가지고 있다. 우리의 뇌는 앞에서 뒤로 확장하지 않았다. 뒤에서 앞으로 커져갔다. 거칠게 단순화하면 호불호를 상당 부분 관장하는 편도체를 포함하는 변연계 부분이 진화적으로 전두엽보다 앞서 생겼다. 그리고 전두엽은 호불호의 판단을 합리화하는 변호사의 역할을 주 임무로 한다. 가치는 바로 변연계 등의 감정을 관장하는 뇌 영역에 직접 호소하는 매개체이다. 표방하는 가치가 뚜렷할 때 우리의 뇌는 활성화된다.

지도자와 광장의 정치적 미래가 아직 분명하지 않은 상황에서 가치에 동의한 충성파는 손익 계산을 떠나 지도자와 함께한다. 확실하고 흔들림 없는 충성파는 가치에 동의한 자이다. 가치를 공유한 이들이 인내심과 용기를 가지고 광장에 가장 먼저 나오고 가장 오랫동안 머물면서 다른 이들에게 새로운 비전과 공동지식을 적극적으로 전파한다.[65] 여기서 지도자와 충성파는 공동체 관계에 가깝다는 사실을 명심해야 한다. 지지자가 상당히 모인 후에 참여하는 추종자들은 교환 관계에 가깝다. 지도 세력이 다양한 혜택을 약속하고 승리할 것 같으니 지지를 보낸다. 교환 관계는 무엇을 해주겠다는 유인과 보상으로 충분하지만 가치가 훼손되면 공동체 관계는 유지되기 어렵다. 가치를 소중히 다루어야 한다.

다시 한번 강조하지만 공동체인 핵심 대중과 지도자는 사소한 부침을 무시하고 가치를 일관되게 유지해야 한다. 공동체 관계의 핵심은 의리이다. 순간의 이해득실로 가치를 훼손하는 순간 가치에 대한 공유는 무너진다. 교환 관계가 공동체 관계로 바뀔 수는 있지만, 공동체 관계가 교환 관계로 후퇴했다가 다시 공동체 관계로 돌아가기는 매우 어렵다. 공동체 관계의 매력은 순수함에 있다. 그런데 공동체 관계가 교환적인 요소로 조금이라도 더럽혀지면 이를 다시 깨끗하게 만드는 것은 매우 어렵다.[66] 믿는 도끼에 발등이 찍히면 정말 아프고 실망스럽다.

요약해보자. 승리의 가능성이 낮은 광장정치의 초반을 버티고 극복하기 위해서는 의리와 인내로 뭉친 핵심 대중이 필요하다. 이를 위해서는 즉각적이고 등가적인 교환이 아니라 공동체라는 믿음을 바탕으로 관계가 형성되어야 한다. 공동체 관계는 즉각적인 보상과 거리가 멀다. 여기서 공동체 관계가 지속적이며 공고하다고 핵심 대중이 믿을 수 있도록 지도자는 덕스러워야 한다. 가치를 공유하는 공동체는 즉각적인 보상과 무관하게 대의를 위해 헌신한다. 상대보다 더 잘해줄 수 있다는 감언이설은 교환 관계에 기초한 상호주의다. 교환 관계에서는 인내심과 충성심을 기대하기 어렵다.[67] 이들은 조금만 어려움이 닥쳐도 떠나버린다. 교환 관계란 그런 것이다. 광장에 나서고 싶은 자는 영웅심을 가지고, 미래의 걱정으로 불안해하지 않고, 용감하고, 가치에 공감하는 핵심 대중을 마련해야 한다.

3

이기는 싸움을 하라

충분히 많은 이가 광장에 집결했다. 이제 무엇을 할 것인가? 무리 중 몇몇은 더욱 과감하고 근본적인 요구 사항을 내걸고 싸우자고 한다. 고압적인 경찰에 맞서 정의의 폭력을 행사하자는 이들도 있다. 점진적 개혁의 요구가 아니라 당장 모든 것을 달성하기 위한 투쟁을 하자고 주장한다. 주장이나 방식 모두 급진적이다. 싸움을 위한 싸움을 하는 이들이다. 맞는지 틀린지 검증 가능하지 않고 어떠한 불확실성도 존재하지 않는 이데올로기로 똘똘 뭉친 이념 단체들이다. 이들은 과격하고 극단적인 주장을 펼치면서 소수정예의 단결과 우애를 느끼고 스스로 감동한다. 그리고 역사가 자신들을 심판할 것이라는 극히 미래지향적인 정당화로 오늘의 패배와 소외를 자위한다.

아마도 이들의 전략은 합리적인 판단에 기초한 결정일 수 있다. 자신들의 싸움이 승리할 가능성이 없는데 굳이 이념적 순수성을 훼손하고 싶지 않다. 승리 가능성이 없기에 자신의 정체성을 알리고자 하는 표현욕이 전부를 차지한다. 승리에 대한 전망이 사라질수록 광장 정치가 점점 더 급진화되는 이치이다. 그런데 승산은 전략과 떨어진 문제가 아니다. 승리를 포기하고 싶지 않다면 승리 가능성을 높이는 새로운 전략을 짜야 한다. 그리고 이는 편협한 이데올로기의 틀을 박차고 나올 때만 가능하다. 이념의 순수성에 대한 집착은 무능한 정치이다.

승리가 아니라 정체성을 고집할 때 찾아오는 것은 단결이 아니라 분열과 대립이다. 급진주의자는 자신을 억압하는 자보다 자신의 순수한 정체성을 희석할 수 있는 잠재적 연합세력을 저주하는 데 더 큰 힘을 쏟는다. 모든 동물성 단백질 섭취에 반대하는 비건vegan은 일반인이 아니라 달걀을 먹는 채식주의자vegetarian를 더 혐오한다는 연구 결과가 있다.[68] 많은 민족주의 분리 독립운동에서도 급진주의자는 외부의 적보다 내부의 온건한 타협주의자를 더욱 잔인하게 공격했다. 북아일랜드 독립운동, 팔레스타인 해방운동, 스페인 분리주의 운동에서 그랬다.

승리의 원칙에서 크게 벗어나 있는 급진주의자와 유사한 모습은 아직 대중적 인기를 누리지 못하는 인디밴드를 추종하는 팬에게서 발견할 수 있다. 소수의 열성 팬은 자신의 선호가 고급스럽고 특이하다며 스스로 기특해한다. 밴드가 인기가 없다는 사실이 오히려 자신의 선호가 대중보다 고급스러움을 증명한다고 믿는다. 밴드에 대한 이들의 충성심은 그룹의 인기가 올라가면서 오히려 어려움을 겪는다. 평소 다른 이의 문화적 소비 행태를 얕잡아본 이들은 자신의 고상한 선호를 상징하는 밴드를 다수가 좋아한다는 사실을 참을 수 없다. 그렇다고 자신이 오랫동안 좋아해온 밴드를 포기하기도 어렵다. 이 딜레마를 해결하기 위해 이들은 기발한 방법을 고안한다. 헤비메탈 그룹인 메탈리카의 팬은 그룹이 대중에 영합하여 음악적 가치를 타협했다며 초기 밴드와 후기 밴드를 차별화한다.[69] 정말로 음악이 달라진 것인가?

정체성에 대한 강한 집착은 체증곡선이 아니라 흥과 쇠의 기울어진 S자 곡선을 만든다. 유행을 선도하고 잘 노는 '선수'들이 새로운 장소로 결집하면서 이들을 따라 다수가 몰려온다. 새롭고 '핫한' 장소는 시간이 갈수록 복작복작해지고 다양한 무리의 유입에 짜증이 난 꾼들이 다른 곳으로 옮긴다. 이들이 빠져나가면 이들을 추종하는 무리 역시 떠

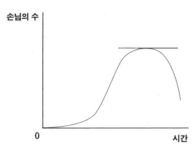

난다. 광장에서와 달리 놀이터는 체증곡선이 일정한 수에 도달하면 오히려 내리막길을 걷는 양상을 보인다.

젊은이들이 모이는 장소는 한곳에 머무르지 않고 순차적으로 이동한다. 1990년대 초반 압구정에서 시작해서 홍대, 그리고 청담동으로 젊은이들이 노는 동네가 변했다. 유행을 선도하는 자들이 새로운 지역을 찾아 떠나고, 다수가 이들을 따라 이동하기 때문이다. 선도자와 추종자가 숨바꼭질을 한다. 정체성에 대한 욕구는 또한 패션을 바꾼다. 패션을 선도하는 자들은 너무나 많은 이들이 자신의 스타일을 따라 하는 것을 꺼린다. 이것이 패션이 변하는 원천이다. 그래서 어쩌면 짝퉁이 명품의 제품 주기를 재촉하는지도 모른다. 많은 사람이 짝퉁을 들고 다니면서 이들과 구별되고 싶은 명품 구매자는 이제 다른 모델로 이동한다. 명품의 제품 주기가 짝퉁 덕에 짧아지니 회사에 나쁘지 않다.[70]

다른 이와 구별되는 정체성을 추구하는 욕구는 젊은이들이 쓰는 단어와 이들이 다니는 '핫한' 술집 등에서도 알 수 있다. 만약 중년 남성이 자신들만의 은어를 사용하는 것을 듣는다면 이제 그들은 새로운 단어가 필요하다고 느낄 것이다. 그들만의 술집이라는 곳에 점잖은 양복 차림의 회사원들이 들락거린다면 이제 다른 곳에서 술을 마셔야겠다고 느낄 것이다.

문신은 정체성의 문턱값을 완전히 높여버린다. 대기업 증권회사에서 금융 업무를 보겠다는 자가 쉽게 드러나는 신체 부위에 문신을 하기는 매우 어렵다. 어쩌면 회사에서 반팔 옷을 입고 면접을 보게 할지도 모르는 노릇이다. 반면 특정 가치를 공유하는 이들은 부담스러운 문신으로 자신의 정체성을 드러내 기회주의자들이 '쿨한' 자신을 따라 하지 못하도록 막을 수 있다.

이렇듯 우리는 정체성에 대한 욕구를 생활 곳곳에서 확인할 수 있다. 나는 누구이고 어떤 사람인지 스스로 인지하고 남에게 분명히 보이고 싶다. 하지만 정체성을 강하게 추구하는 것은 정치적 자멸로 향하는 길이다. 순수한 정체성을 추구하려 한다면 정치 대신 예술이나 학문을 하는 편이 훨씬 낫다.

가치를 넘어 정체성에 대한 욕구가 강한 이들이 주를 이루는 도전 세력은 불행히도 자주 분열한다. 시사 논평자들은 내부적으로 티격태격하는 도전 세력을 두고 인간적으로 성숙하지 못하다고 질책한다. 수긍하기 어렵다. 사실 성숙함이야 모두가 부족하지 않은가? 인성이 아니라 상황이다. 권력과 부가 넘쳐나는 기득권 세력은 나누어 가질 수 있는 자리와 부가 충분하기에 타협할 준비가 되어 있다. 낮은 승산과 부족한 재정적 기반을 가지고 시작해야 하는 도전 세력은 신념으로 정치를 한다. 그런데 신념이 이데올로기로 변질되는 순간 시야를 몹시 좁힐 수 있다. 나는 맞고 너는 틀렸다는 독선으로 흐를 수 있다. 편협한 정체성에 집착하다 보니 타협이 어렵다. 유형, 무형의 권력 자원이 부족한 도전 세력의 지도부는 활동가들의 이념적 욕구를 최우선으로 생각해야 한다.[71] 분열과 갈등이다. 사실 기득권 세력도 패배의 순간이 오면 사분오열한다. 수많은 왕조의 몰락 과정에서 공통적으로 확인할 수 있다.

승산 역시 협동심에 큰 영향을 준다. 승산이 없을 경우 연합과 협력의 필요성은 사라진다. 2018년 러시아 대선 텔레비전 토론은 한 편의 코미디였다. 그 자리에 푸틴은 없었고, 군소 후보들이 막장 토론을 벌였다. 민족주의 극우세력 후보자에게 조롱당한 여성 후보자는 그에게 컵을 던졌다. 위엄과 권위를 던져버린 채 볼썽사나운 싸움을 벌였다. 이들은 승리에 관심이 없었다. 참여에 의의를 두고 자신의 이름을 알리는 목적이 전부였다. 푸틴의 압도적 인기 속에서 승리를 상상할 수 없던 반대 세력은 연합할 이유를 찾지 못했다.

승리를 포기하고 소위 협소한 정치적 입지를 추구하는 급진 조직은 이념의 순수성과 과격성을 놓고 비슷한 분파와 경쟁을 벌인다. 더욱 과격한 구호와 투쟁 전술로 자기 집단의 순수성을 과시하여 소수의 후원 세력을 독점하고자 한다. 그들만의 마이너 리그에서 벌어지는 생존 경쟁에서 자그마한 승리를 얻기 위해 치열하게 싸운다.

혁명 공간을 독점하기 위해 보수 세력이 아니라 온건 개혁 세력에게 증오의 독설을 뿜어댄 대표적 인물이 바로 러시아 볼셰비키의 지도자 레닌이다. 사실 소련 공산당사가 공식적으로 선전하는 것과 달리 제정러시아의 차르를 무너뜨리는 데 레닌과 볼셰비키의 역할은 미미했다. 심지어 레닌은 망명을 끝내고 혼란의 러시아로 돌아올지를 놓고 고민할 정도였다. 원래 혁명은 예측 불가능하다. 엄청난 세계사적 파장을 불러온 1979년 이란혁명 몇 달 전 이란 주재 미국 CIA 책임자는 이란에서 혁명이 일어날 가능성을 단호하게 부정하는 보고서를 워싱턴에 보냈다가 자리에서 물러났다. 레닌이 러시아 혁명의 아버지가 된 것은 부르주아 민주주의를 당장 끝내고 프롤레타리아 독재로의 즉각적이고 완전한 권력 이행을 제시한 전략적 판단 덕분이었다. 당장 권력을 장악하라는 그의 전략은 보수주의자보다 개혁주의자를 철천지원수처럼 대하라는 그의 일관된 메시지의 연장선에 있었다. 제1차 세계대전이라는 역사적 우연이 큰 힘이 되었다. 레닌의 승리는 볼셰비키의 헌신과 지도성보다는 역사적 요행이었다.

광장에서 승리하고자 하는 자는 급진주의자를 피해야 한다. 급진주의자는 과도한 위험을 감수하려 한다. 흥미진진한 쇼트트랙 게임은 이들의 위험성을 아주 잘 보여준다. 보통 등수에 들기 어려운 선수 한 명이 무모해 보이는 추월을 시도하다 다른 이들까지 넘어뜨린다. 준준결승이나 준결승전이라면 억울하게 넘어진 선수는 순위에 들지 못하더라도 어드밴스 규정 덕에 다음 라운드로 올라갈 수 있다. 하지만 결승전에서는 억울한 선수가 보상 받을 길이 없다. 문제를 일으킨 하위권 선수는 혹시나 하는 마음으로 희박한 가능성에 의탁해 위험을 감수하는 도박꾼을 닮았다. 능력 있는 선수는 이들의 무모한 도전을 피해 멀찍이 앞서가는 편이 나은 듯하다. 마찬가지로 노련한 광장의 지도자도 무모한 급진주의자의 도박을 처음부터 멀찍이 피해야 한다.

싸우기 위해 싸우는 자는 국가대항 결승전에서 페널티

킥을 구석으로만 차는 선수를 연상시킨다. 통계에 따르면 골을 넣을 확률이 가장 높은 방향은 중앙이다. 하지만 메시 같은 대선수를 제외하고 대부분 선수들은 공을 가운데로 차지 않는다. 만약 중간으로 공을 차서 골키퍼가 쉽게 막으면 선수 생명에 치명적이다. 차라리 좌우 구석으로 볼을 차다가 골대를 벗어나는 편이 개인적으로 안전한 전략이다. 결과보다는 의도에서 위안을 찾는 이기적 태도이다.[72)]

정치인들과 고위 관료도 잘하기보다는 열심히 하는 모습을 보이기 위해 무조건 움직인다. 가만히 앉아 조국과 민족의 미래에 더 나은 결정이 무엇인지 오랫동안 심사숙고하기보다는 바쁘고 싶어 하는 듯하다. 무엇이든 열심히 하는 당신은 최소한 게을러서 실패했다는 비난은 피할 수 있을지 모른다. 무조건 싸우는 자는 진보를 위해 한순간도 쉬지 않았다고 자위할 수 있다.

싸움을 위한 싸움이 아니라 이기기 위한 싸움의 원칙은 무엇인가? 승산을 높여야 한다. 광장에 동참하려는 이들이 무엇을 원하는지를 잊지 말아야 한다. 이들이 생업을 포기하고 광장으로 나올 때는 승리에 대한 기대가 있기 때문이다. 승리에 대한 기대는 참여자의 수에 달려 있다. 다수에 편승하려는 조정의 이해가 작동하는 광장의 정치에서는 수가 수를 불러온다. 처음부터 상당수가 참가할 때 승리에 대한 확신이 커지고 더 많은 이의 참여를 이끌 수 있다. 따라서 고립을 불러오는 급진적 주장은 이기는 싸움과 거리가 멀다. 급진적 주장을 펼치면서 많은 이들이 동참해주기를 기대하는 허무맹랑한 꿈을 버려야 한다.

군신軍神이라 칭할 만한 이순신은 죽음 앞에서 모든 걸 초개와 같이 바친 인물이 아니다. 우리의 힘을 모으고 적을 분산시키는 아전적분我專敵分과 이겨놓고 싸우는 선승구전先勝求戰이라는 손자의 절대 원칙으로 압도적 승산을 유지하여 거의 확실한 승리를 보장한 조건에서만 해전을 벌였다. 속도와 기만전술을 통해 큰 파괴력을 지닌 판옥선과 거북선의 수가 왜선을 압도할 수 있도록 조치했다.

이순신의 병력 집중 현황 73)

해전명	조선 수군 함선 세력	왜 수군 함선 세력	전과 및 아군 함선 피해 상황
옥포해전	91척 (판옥선 28 협선 17 포작선 46)	30여 척 (대 중 소선)	26척 격파, 조선 수군 함선 피해 전무
함포해전	91척	5척 (대4 소1)	5척 격파, 피해 전무
적진포해전	91척	13척 (대 중)	11척 격파, 피해 전무
사천해전	26척(판옥선)	13척 (대)	13척 격파, 피해 전무
당포해전	26척(판옥선)	21척 (대3 중10 소13)	21척 격파, 피해 전무
당항포해전	51척(판옥선)	7척 (대5 중2)	7척 격파, 피해 전무
한산해전	54(혹은 55)척(판옥선)	73척 (대36 중24 소13)	59척 격파, 피해 전무
안골포해전	54척	42척 (대20 중17 수15)	30여 척 격파, 피해 전무

선조의 어리석음으로 초래된 명량해전에서도 이순신은 전쟁의 승패를 부하들의 용맹성과 운에 맡기지 않았다. 남겨진 13척(혹은 12척)의 함선으로 승산을 최대화할 수 있는 장소로 이순신은 명량을 선택했다. 중과부적의 적과 정면으로 부딪혀 죽기 살기로 싸우기보다는 울돌목의 지형과 조류를 이용해서 소수의 함선만이 순차적으로 통과할 수밖에 없도록 만든 다음, 학익진으로 에워싸 13 대 3 혹은 4의 비율로 싸우면서 적선 30여 척을 파괴했다. 이는 현대 군사 법칙인 랜체스터의 법칙을 제대로 구현한 것이다. 일대일로 싸우는 백병전이 아닌 발사형 무기로 싸우는 경우 물량의 절대적 차이가 아니라 제곱의 차이가 전투의 결과라는 주장이다. 우리 포대가 다섯 개이고 적이 네 개이면 우리의 피해는 네 대가 아니라 두 대밖에 되지 않는다. 만약 우리 포대가 열 대라면 우리의 피해는 겨우 한 대 정도다. 함포라는 확률 무기를 가지고 하는 해전에서 학익진을 통해 자신의 군사력을 집중하고 상대를 고립시켜 아군의 피해를 완전히 피하면서 순차적으로 다가오는 적선을 섬멸할 수 있었다.[74] 이는 일점집중一點集中의 법칙이다.[75] 영화 〈주유소 습격사건〉의 명대사 "나는 한 명만 팬다"를 닮았다. 똘똘 뭉친 소수가 오합지졸인 다수의 무리에서 몇 명씩 골라 패면 나머지는 두려움과 경악 속에서 순응한다.

여기에 더해 이순신 장군은 초전박살의 원칙을 철저히 지켰다. 이순신 장군이 해전에서 자주 사용한 전법인 학익진은 화력이 월등한 조선 수군의 이점을 십분 활용하여 적의 선두를 초전에 궤멸하여 기선을 제압하는 전술이었다. 적선을 유인한 다음 적선을 학의 날개 모양으로 감싸도록 아선을 배열하여 측면에 배치된 다수의 함포를 쏴 조총으로 맞서는 적을 손쉽게 압도할 수 있었다. 기선을 제압하기 위한 이순신 장군의 노력은 여기에 그치지 않았다. 이순신 장군은 적장의 배를 가장 먼저 공격하여 적장을 사살하고, 그의 머리를 베어 배 앞머리에 단 채 전투를 했다. 압도적인 힘의 우위에 기반을 둔 이순신의 초전박살이야말로 한 번의 승리가 더 많은 수의 참여로 이어지는 광장의 정치가 배워야 할 원칙이다.

이기기 위해 싸운 또 다른 유명한 인물이 간디이다. 간디 역시 손자의 정신을 훌륭히 구현한 뛰어난 전략가이다. 하루하루를 연명하다시피 살아가는 대다수 인도인에게 민족독립은 추상적인 구호일 뿐이다. 사분오열된 인도 사회에서 가난과 문맹으로 고통받는 인도인에게 정치적 독립만을 외쳤다면 애국적 영웅일 수는 있었겠지만 독립의 아버지가 될 수는 없었을 것이다. 민족독립의 당위성만을 외치는 대신 간디가 자신을 따르는 동료들과 처음 주도한 광장정치는 소금을 구하러 해안으로 걸어가는 일이었다. 이는 가히 천재적인 선택이라 할 수 있다. 소금 문제는 인도인에게는 충분히 중요한 문제이면서 식민정부가 총칼로 억압하기는 좀 부담스러웠다. 집단행동의 편익과 비용의 관점에서 볼 때 합리적으로 타당한 선택이다. 처음 소수에서 큰 무리로 발전한 간디 일행은 무사히 해안에 도착해서 소금을 얻어 냈다. 이제 간디는 순결한 독립지사의 이미지를 넘어 싸움 에서 승리할 줄 아는 탁월한 전략가이자 싸움꾼이라는 평 판을 획득했다.

수가 수를 불러오기에 첫 싸움이 중요하다. 첫 싸움에 이겨 결과를 만들어낸다는 평판을 쌓아야 한다. 배트맨과 스파이더맨은 어떻게 싸우는가? 배트맨은 처음부터 조커와 맞붙지 않는다. 그는 다소 약한 거리의 불량배와 소매치기범을 잡으면서 자신의 능력을 증명하고 시민들 사이에 평판을 구축한다.[76] 자신의 능력과 결의를 행동으로 증명함으로써 대중의 신뢰를 먼저 확보한다.

위험한 집단행동에 동참을 호소하기 위해서는 주위 사람들에게 승리에 대한 확신을 심어주어야 한다. 집단행동의 가치만큼이나 승리의 가능성 정도가 추종자들의 결정에 핵심이다. 이기는 경험은 기존의 승산을 새롭게 높이는 효과를 가져온다.[77] 초반전부터 이겨야 하고, 이기기 위해 많은 이의 동참이 필요하다. 이를 위해 추상적인 구호나 목표 대신 많은 이의 실생활에 직결되는 사소해 보이는 문제부터 시작해야 한다. 주장의 수위를 조절하고, 집회에서 어떤 노래를 부를지 조심스럽게 선택해야 한다. 집회의 의도를 훼손하지 않으면서 가장 많은 이의 동의와 동참을 얻을 수 있는 노래를 선택하는 것이 매우 중요하다. 2016년 겨울 촛불집회 초기에는 노동가요가 나왔으나, 이후 신해철의 노래가 많이 나왔다.

선승구전, 아전적분을 확보하는 군사 전술이 측면 공격이다. 측면 공격은 압도적 힘의 우위를 전투마다 유지할 수 있도록 한다. 도전하려는 이들이 깊이 새겨야 하는 전투 방식이다. 전쟁의 역사를 살펴보면 약자는 항상 정면승부를 피했다.[78] 한니발은 쉽고 빠른 길로 진군하는 대신 알프스 산맥을 넘는 우회로를 선택해서 로마군을 놀래켰다. 미국 독립전쟁의 영웅 조지 워싱턴은 잘 싸웠기 때문에 승리한 것이 아니라 잘 도망갔기 때문에 승리했다. 전면전을 무조건 피하고 치고 빠지기를 무수히 반복했다. 가장 유명한 도망은 마오쩌둥毛澤東의 대장정일 것이다. 자원과 인력이 부족한 쪽이 이기는 방법은 허를 찌르는 것이다. 예상치 못한 쪽을 공격하여 수와 물자가 우세한 적의 일부를 고립시켜 국지적으로 힘의 우위를 확보하여 승리한다. 게릴라전의 영웅들은 전면전이 아닌 국지전을 통해 항상 힘의 우위를 유지해서 확실한 승산이 있는 전투를 벌인다. 싸우면서 승리를 구하는 게 아니라 이겨놓고 싸우기 위해 측면 공격을 선택한다.

그런데 싸움을 망치는 이는 인내심이 없는 정치 지도자이다. 한니발을 구석에 몰아놓은 뒤의 로마의 원로원이 그러했다. 정면승부를 통해 멋지고 통쾌한 승리를 요구하는 것은 싸움을 망치는 지름길이다. 강대강의 승부는 영화의 명장면은 될 수 있으나, 전투의 지침으로 삼아서는 안 된다.

약육강식의 동물 세계에서도 약자는 강자의 방식을 거부한다. 가젤은 절대로 직선으로 뛰지 않는다. 능숙하게 방향을 이리저리 바꾼다. 최대 시속 200킬로미터로 달릴 수 있는 치타를 속도로 당할 재간은 없다. 단거리 싸움을 장거리 싸움으로 전환 시켜 200미터 정도만 치타를 피할 수 있으면 된다.

쉬운 승리를 위해 어려운 길을 택하는 결정(알프스 산맥을 넘은 한니발)처럼 황제펭귄 역시 어려움과 안전함을 맞바꾼다. 먹이를 구하기 쉽고 상대적으로 덜 추운 해안을 버리고 남극대륙 깊숙이 들어가서 새끼를 부화시킨다. 새와 바다사자로부터 알과 자신의 안전을 확실히 보장하기 위해 무섭게 추운 내륙으로 들어가는 것이다.[79]

기존 관습을 버리고 자신만의 방식으로 승산 없어 보이는 싸움에서 승리한 가장 유명한 인물이 다윗이다. 골리앗은 다윗에게 어서 자기 쪽으로 달려오라고 외친다. 하지만 다윗은 전혀 그럴 생각이 없다. 몸을 제대로 가누지 못하는 골리앗은 다른 병사들의 도움을 받아 대결장에 나올 정도이다. 다윗은 산모퉁이에서 내려와 멀찍이 서서 돌팔매를 시작했다. 훈련된 양치기의 돌팔매는 상상 이상으로 정확하다고 역사가는 전하고 있다. 다윗은 한 번에 골리앗을 쓰러뜨리고 드러누운 그의 목을 잘라버린다. 우리는 보통 게임의 규칙을 곧이곧대로 받아들인다. 만약 다윗이 당시 관행대로 골리앗과 근접전을 벌였다면 전혀 승산이 없었다. 다윗은 처음부터 그럴 생각이 없었다. 사울이 건네는 갑옷을 단칼에 거부했다. 자신이 계획한 싸움의 방식에 방해가 될 뿐이기 때문이었다.[80]

우리는 기득권 세력이 정한 방식대로 싸우지 말아야 한다. 그들은 우리에게 지위, 명성, 돈을 기준으로 싸움을 하라고 한다. 판을 바꾸어라. 그들의 기준을 버려야 한다. 처음부터 지는 게임을 시작할 이유가 무엇이란 말인가? 다윗처럼 승리를 위해 우리에게 유리한 판을 짜야 한다. 그래서 그들의 기술과 자원을 엉뚱 맞은 것으로 만들어버려야 한다. 자리에 앉는 방법은 두 가지이다. 빈 곳에 떡 하니 앉으면 보기 좋다. 하지만 한정 없이 자리가 나기를 기다리는 대신 살짝 벤치의 끝자리에 걸터앉는다. 그리고 조금씩 안쪽으로 옮겨 좋은 자리를 차지한다. 도요타 등 일본의 자동차 회사가 1970년대 자동차 시장을 파고든 방식도 마찬가지였다. 콧대 높은 거대 미국 자동차 회사는 저가 시장을 파고드는 일본 기업을 무시해버렸다.[81]

강자가 규정한 싸움터로 나아가지 말라. 그들이 정해놓은 곳에는 그들의 동료와 친구, 지지자, 겁먹은 자들로 가득하다. 여기서 아무리 소리치며 당신의 능력을 보여주어도 돌아오는 것은 실패와 환멸뿐이다. 공허한 메아리만 울려 퍼지는 장소를 박차고 나와야 한다. 당장에는 어려움이 있더라도 더 큰 가능성이 있는 곳으로 이동해야 한다. 유도의 기술에서 우리는 싸움의 원칙을 배울 수 있다. 온 힘을 다해 밀어붙이는 적을 바로 맞아 싸우는 대신 한 발 뒤로 물러서야 한다. 부드러움이 강함을 이긴다는 노자老子의 말이 떠오른다. 프랑스의 인상파 화가들은 측면 공격의 위대한 승리를 보여주었다. 거듭된 실패로 생활고에 시달리던 에두아르 마네Édouard Manet 등 후기 인상파 화가들은 전통주의자의 규칙이 지배하는 살롱Salon의 넘쳐나는 수많은 그림 중 구석진 곳에 전시되기를 거부하고 마침내 자신들만의 전시회를 열었다. 이후 카미유 피사로Camille Pissarro는 자신들의 노력을 이렇게 평가했다. "우리는 무리 속을 헤집고 들어가 우리의 깃발을 꽂는 데 성공했다."[82]

광장에서 이기기 위해 싸워라. 압도적 시민의 참여가 승리의 길이다. 가장 많은 이가 동참할 수 있는 구호와 노래로 준비하라. 정면 승부를 피하고 자신의 강점을 살릴 수 있는 방식으로 싸워라. 시민의 강점은 폭력이 아니라 수이다. 무조건 비폭력 투쟁이다. 집단행동을 계산하는 공식은 P(확률)×B(혜택)-C(비용)이다. 비폭력은 집단행동의 위험성과 비용을 낮추어 더 많은 이의 동참을 유인할 수 있다. 이는 다시 집단행동의 성공 확률을 높이고 다른 참여자를 데려온다. 만약 촛불시위에서 폭력이 발생했다면 시위 참여자의 수는 지속적으로 증가하는 대신 소멸의 악순환을 겪었을 것이다. 폭력 시위는 누가 맞고 누가 틀렸는지를 판단할 수 없게 하고 다수를 광장으로부터 물러서게 한다.[83]

4

소통이 없으면 광장도 없다

벨라루스의 시민들은 광장에 모여서 아이스크림을 먹었다. 왜 그냥 벤치에 앉아 혼자 먹지 않는가? 이 나라의 대통령 알렉산드르 루카셴코Aleksandr Lukashenko는 길이나 공원에 모여서 말 없이 박수만 치는 자를 구금한다. 박수 소리가 왜 그토록 두려운가? 홍콩 시위대는 비도 오지 않은 날에 왜 노란 우산을 들고 나왔는가? 아우구스토 피노체트Augusto Pinochet를 반대하는 칠레 운전자들은 출근길에 천천히 차를 몰았고, 보행자들은 천천히 걸었다. 본격적인 내전이 있기 전 시리아의 시민들은 공동 우물에 색깔이 있는 곡물 가루를 뿌렸다. 왜?

보여주기 위해서이다. 각자가 무엇을 믿고 있는지를 다

른 사람들이 눈으로 볼 수 있도록. 박수는 모두가 듣고, 우산이나 촛불은 누구나 볼 수 있다. 천천히 걷는 이들 속에서 많은 칠레 시민들은 우리가 다수이고 그들은 소수임을 서로를 보면서 확인한다. 알록달록하게 변한 공동 우물을 보면서 주민들은 아사드에 반대하는 이들이 활동하고 있음을 말하지 않아도 서로 알고 있음을 확인할 수 있다.

넥타이는 유행을 타지만 양말은 그렇지 않다. 넥타이는 관찰 가능하지만 양말은 보이지 않는다. 왜 특정 브랜드의 립스틱은 필수 아이템인가? 립스틱을 주로 어디서 사용하는지 떠올려보라. 지하철, 식당 등 남들의 눈에 띄는 장소에서 사용하는 화장품이다. 따라서 상표를 의식하게 된다. 립스틱은 다수가 어떤 상품을 좋아하는지 모두가 알고 있는 공동지식 상품이다. 사람들 눈에 쉽게 띄게 만들어진 화려한 디자인은 관찰 가능성을 높이기 위한 생산자의 의도적 노력이다. 애플 컴퓨터의 사과 위치는 스티브 잡스의 엄청난 고민거리였다. 결국 사용자가 아니라 관찰자의 눈에 띄도록 사과를 배치하여 주위 사람들이 쉽게 알아챌 수 있도록 만들었다.

1980년대 한국의 대학가 식당에서는 밥 인심이 후했다. 우리에게 쌀이 민초의 생명줄이라면, 중동에서는 빵이다. 중동 지역 독재정부는 빵만은 싸게 시민들에게 제공해왔다. 한번은 재정적 어려움으로 이집트 정부가 빵값을 올려 큰 시위가 일어났다. 한 발 후퇴한 정부는 대신 빵의 크기를 줄이고 나쁜 밀가루를 사용하는 식으로 우회했다. 경제적 결과는 동일하지만 정치적 결과는 천양지차였다. 시민들은 시위하지 않았다. 가격 변경은 모두가 알고 있다고 모두가 믿는 공동지식을 만든다. 크기나 재료의 경우 내가 이상하다고 느낄지라도 다른 이들도 그렇게 생각하는지 확신하기 어렵다. 시위를 이끌 수 있는 공동지식의 부재이다.

왜 장성택이 다리를 꼬고 앉은 것은 죽을죄인가? 수령이 주재하는 공식 석상에서 조는 것은 왜 죽을죄인가? 공개적 행위이기 때문이다. 모두가 장성택이 다리를 꼬고 앉는 모습을 보고 있음을 모두가 알고 있다. 이는 수령의 절대 권력에 엄청난 위협이다. 수령의 절대 권력은 모두가 수령에 절대복종한다고 모두가 믿는 공동지식에서 나온다. 장성택의 비딱한 자세나 현영철의 졸음은 바로 이 공동지식에 대한 공격이며, 수령은 이를 묵과할 수 없다.

사랑을 막 시작하는 이는 공동지식이 만들어내는 차이를 쉽게 이해할 수 있다. 고백 없이 연인 관계는 없다. 두 눈을 마주 보고 고백할 때 우리는 연인임을 우리가 알고 있음을 우리가 알고 있다고 서로 믿는다. 연인이라는 '양인심사 양인지' 없이 정서적 교감만 있는 남녀 관계는 '썸'이다.

정치에서 공개성은 승산에 대한 기대에 큰 영향을 미친다. 승산에 대한 주관적 기대는 주변 사람들의 태도와 신념을 어떻게 평가하는가에 달려 있다. 그런데 기대, 믿음, 가치 등 주관적 요소는 직접 관찰할 수 없다. 열 길 물속은 알아도 한 길 사람 속은 모르는 이치이다. 다수의 선택으로 조정하기 위해서는 다수의 태도와 믿음을 눈으로 직접 볼 수 있어야 한다. 공개적으로 박수를 치고, 우산을 들고, 아이스크림을 먹어야 하는 이유이다.

보여주는 것은 공동지식의 형성을 넘어 더 근본적인 힘을 가진다. 우리는 보지 못하는 것을 생각하지 못한다. 보이는 것에만 주목한다. 기도해서 살아남은 자를 보면서 신의 은총을 칭송하는 이에게 세네카^{Seneca}는 묻는다. "기도를 하고도 물에 빠져 죽은 자의 그림은 어디에 있는가?" 성공담의 저자가 보여주지 않는 실패한 자를 떠올리는 비판적 사고력은 훈련된 소수만이 가질 수 있다. 100명의 성공할 뻔한 자의 이야기를 다룬 책은 없다는 사실을 깨달아야 한다. 이는 인지적으로 매우 어렵다. 보이지 않기 때문이다.

질문해보자. 현재의 중국과 1980년대의 한국 중 어디가 더 자유로운가? 많은 이들이 중국이 훨씬 자유롭다고 생각한다. 1980년대 한국의 대학에는 경찰이 상주하여 대학생들과 폭력적으로 대치하였지만 현재 중국의 대학에서는 그런 삭막한 풍경을 발견할 수 없다. 그럼 다르게 질문해보자. 만약 베이징대학교 학생 중 일부가 반정부 시위를 벌인다면 그들은 어떻게 될지 예상해보라.

억압 때문에 소통하지 못할 경우 집회 및 결사에 불리한 오해가 팽배해진다. 권위주의적 억압이 상존하는 국가에서 주민들은 정권에 대한 동료 시민들의 불만을 과소평가할 가능성이 높다. 광장은 민주주의자에게만 유용한 것이 아니다. 독재자에게도 유용하다. 양날의 칼이다. 독재자가 지배하는 광장은 극장이 된다. 광장의 시민들은 관객인 동시에 배우가 된다. 수십만 명이 집회 등에서 같은 내용을 반복해서 외치면서 다수의 사적 태도를 다수가 오해한다. 모두가 독재자와 정권을 지지한다고 믿는 공동지식은 충성, 복종, 묵종이라는 현재의 선택을 철옹성처럼 보위한다.

소통이 없으면 광장도 없다. 언론, 출판, 집회, 결사의 자유가 민주주의의 초석인 이유이다. 소통은 힘을 만든다. 조선 왕조 내내 어전회의는 단순한 의례가 아니라 왕권을 제한하는 핵심 제도였다. 영화 〈남한산성〉에서 인조는 피난을 가서도 어전회의를 소집하고, 대신들은 "아니 되옵니다"를 반복해서 외친다. 어전회의는 대신들이 의사소통할 수 있는 공간으로, 서로의 의사를 확인하고 왕권에 집단으로 대항할 수 있다. 왕이 어전회의를 소집하지 않는 꼼수는 민주주의에서 집권자가 주기적으로 열려야 하는 선거를 연기하는 반헌법적 작태에 맞먹는다. 왕이 권력을 남용하고 있다는 분명한 신호이다. 집단적 의사결정 제도가 가지는 이와 같은 정치적 효과를 예상하기라도 한 듯 영국의 귀족들은 프랑스와의 전쟁에서 자신들의 도움을 요청하는 왕에게 의회를 요구했다.[84] 소통의 공간인 의회를 통해 귀족들은 약속을 위반하고 권력을 남용하는 왕에 집단으로 대항할 수 있었다. 대숙청의 시기 스탈린은 공산당 정치국, 중앙상임위원회 등 회의를 전혀 소집하지 않았다. 북한의 김정일 역시 집권하는 동안 주요 회의를 거의 소집하지 않았다. 회의를 하지 않는 엘리트는 독재자를 견제할 수 없다.

소통이 가진 파괴력 탓에, 소통의 금지 정도는 독재의 정도에 비례한다. 천천히 걸음을 걷던 칠레 시민의 경험을 북한에 적용하자는 세르비아 민주화 투사의 이야기가 슬픈 미소를 짓게 한다. 수많은 이를 축구장에 모아 놓고 살상한 독재자 피노체트지만 천천히 걷는 이들을 총살할 수는 없었다. 만약 평양 시내에서 다수가 천천히 걷고 있다면 이들은 바로 잡혀가서 총살을 당하거나 정치범수용소에 끌려가지 않을까? 자신만이 아니라 가족, 친지 역시 큰 위험에 처하지 않을까? 나의 예상이 틀렸다면 최소한 으슥한 화장실에서 반정부 낙서 정도는 자주 볼 수 있었을 것이다. 북한에서는 사소한 소통 행위도 용납되지 않는다. 남의 집 문을 연다고 구속되지 않지만 마약 소지, 운반 등 다소 사소한 위반에 무거운 처벌이 가해지는 형법의 이치와 닿아 있다. 원천봉쇄이다.[85]

소통의 핵심은 바로 관찰 가능성이다. 우리의 의도, 신념, 태도, 믿음 등은 직접 관찰 가능하지 않다. 우리는 다양한 상징물을 손목이나 가슴에 단다.[86] 이는 개인적 기념을 넘어서는 의미를 가질 때가 많다. 소통 행위로 공동지식이 만들어지고 세가 모인다. 광장정치를 시작하려는 이들은 기발한 소통 방식을 고안해야 한다. 사소한 공개적 표현도 목숨을 위협하는 매우 억압적인 나라라면 필자는 신발을 벗어야 볼 수 있는 구멍 난 양말 신기 운동을 제안한다. 아니면 미세먼지를 핑계로 가래침 뱉기 운동은 어떨지?

5

토크빌의 역설, 희망이 저항이다

만약 당신이 싫어하는 정부가 개혁을 추진한다면 어떻게 해야 할까? '위선이다, 기만이다'라고 외치면서 반대해야 할까? 정부의 개혁 정책은 아주 높은 기준을 지닌 극단주의자의 눈에 찰 리가 없다. 그리고 이러한 정부의 기만전술에 인민이 속아 전투 의지를 상실하지 않을까 걱정한다. 상황이 나아지고 있으니 급진적 열망이 줄어들어 더욱 근본적인 해결책이 사람들 마음속에서 사라지면 혁명은 봉쇄된다는 혁명주의자의 근심이다.

이것이 바로 레닌의 걱정이었다. 그는 『무엇을 할 것인가Что делать?』라는 자신의 유명한 책에서 혁명의 적은 보수 강경파가 아니라 노동조합의 개혁주의자들이며, 이들에 대한 가열찬 투쟁이 러시아 혁명운동에서 급선무라고 강조했다.

점진적 개혁에 대한 레닌의 독설은 대중의 마음이 어떻게 작동하는지를 오해하고 있다. 지배자가 개혁을 하겠다면 대중이 이 약속을 믿도록 하는 편이 낫다. 그래서 개혁이 되면 좋다. 만약 개혁이 기득권 세력의 정치적 반대, 행정적 혼란, 외부 세계의 급변 등으로 실패한다면, 이는 개혁 세력에게 정치적 동력을 제공한다. 기대가 없으면 실망과 좌절도 없다. 객관적인 현실은 흔치 않다. 많은 것이 기대 수준에 달려 있다. 기대가 없는 가난은 참을 만하지만 기대에 미치지 못하는 소득의 증가에 화를 낸다. 기대와 좌절로 혁명사를 분석한 연구에 따르면 러시아 혁명은 러시아 민중의 삶이 계속 악화되었기 때문에 일어난 것이 아니었다. 서유럽보다 한참이나 늦은 농노개혁 이후 러시아 민중의 삶은 점차 개선되다가 제1차 세계대전을 계기로 크게 힘들어졌다. 전쟁이 불러온 고통은 알렉산드르 2세 이후 계속해서 높아진 민중의 기대에 크게 어긋났다. 커다란 좌절이었다.

『구체제와 프랑스혁명L'Ancien Régime et la Révolution』이라는 역작에서 알렉시 드 토크빌Alexis de Tocqueville은 고통이 아니라 희망을 프랑스혁명의 원인으로 지목했다.[87] 불만의 원천은 현실이 아니라 현실을 평가하는 우리의 마음이다. 어느 날 기분 좋은 일이 있었던지 부모님은 통금 시간을 10시에서 12

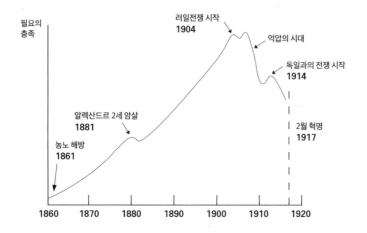

혁명의 소용돌이로 향하는 러시아[88]

시로 늦춘다고 선언한다. 아이들은 환호성을 지른다. 사실 아이들은 지금까지 별 불만이 없었다. 그런데 며칠 뒤 무효를 선언해버리자, 이제 10시라는 통금이 참을 수 없는 구속으로 느껴진다. 독재자의 변덕이 민중의 저항을 자초하는 까닭이다. 고통의 원인이 기대하는 마음에 있다는 이솝의 다음 이야기가 흥미롭다.

어부가 그물을 끌어당기는데 그물이 묵직해지자 고기를 많이 잡은 줄 알고 기뻐하며 춤을 춘다. 그물을 올리자 물고기 대신 돌멩이가 가득했다. 어부들이 속이 몹시 상했다. 불쾌한 일이 일어나서가 아니라 기대가 어긋났기 때문이다. 이때 늙

은 어부의 말이 "친구들이여, 이제 그만 괴로워합시다. 기쁨
과 고통은 자매인 것 같소. 우리는 미리 그토록 기뻐했으니
고통도 받아들여야 할 것이오."[89]

기대가 큰 만큼 충족되지 않을 때 느끼는 슬픔도 크다.
기대는 그만큼 무서운 것이다. 어쩌면 기대가 모든 불행의
씨앗이라고도 할 수 있다. 행복감은 보상에서 기대를 제한
값이라는 공식처럼, 기대가 커질수록 행복해지기 어렵다.
데면데면한 인간관계보다 서로에 대한 기대감이 높은 연인
사이에 말다툼이 잦은 이유가 여기에 있지 않을까?

연애는 기대 수준이 만들어내는 역설을 보여준다. 절대
적 수준에서 당신이 얼마나 잘해주는지가 아니라 이전보
다 얼마나 더 잘하고 있는지를 따져 상대는 당신의 마음을
판단한다. 연인이 100일과 200일을 기념하여 선물을 준비
한다. 갑은 100일에 50만 원짜리 선물을, 200일에 30만 원
짜리 선물을 준비했다. 을은 100일에 20만 원짜리 선물을,
200일에 30만 원짜리 선물을 준비했다. 갑은 총 80만 원을
연인을 위해 지출했다. 을은 총 50만 원을 지출했다. 상대
가 경제적으로 합리적이라면 분명 갑의 경우를 선호해야
한다. 하지만 우리 인간은 총합보다 증감에 더 민감하다. 이
경우 갑보다 을의 연인이 더 큰 행복감을 느낀다. 갑의 연인

은 100일째보다 나은 선물을 기대한다. 그런데 30만 원은 기대에 미치지 못한다. 기대에 미치지 못하는 선물은 행복이 아닌 실망을 준다.

이솝우화에서 그물을 무겁게 한 돌멩이처럼 독재자의 개혁정책은 대중의 마음에 희망을 불어넣는다. 현실이 희망에 미치지 못하면 이솝우화의 어부처럼 큰 실망을 한다. 그리고 현실에는 어부를 위로하는 현명한 노인 대신 분노한 시민을 동원하는 혁명 지도자가 등장한다.

우리는 흔히 억압이 있는 곳에 저항이 있다고 생각한다. 하지만 니콜로 마키아벨리Niccolò Machiavelli가 『군주론Il Principe』에서 이야기했듯이 "짓밟아 뭉개거나 안아주지 않고 어중간하게 위해를 가할 경우 인간은 반항한다." 여기서 우리는 억압의 강도를 낮출 수 없는 지배자의 딜레마를 확인할 수 있다. 활발한 경제활동 등을 유도하기 위해 억압의 강도를 낮추는 순간이 오히려 위험하다. 복종에 익숙했던 신민들이 새로운 삶의 희망을 품게 되면서 정당성이 높아지기는커녕 위기가 발생할 수 있다.

저항하려는 자와 반대로, 지키려는 자는 기대를 심어주지 않으려 노력한다. 기대는 일시적 지지와 함께 실망과 반항으로 이어지기 때문이다. 『군주론』에서 마키아벨리가 군주는 관후하기보다는 인색하라고 충고한 이유이기도 하다.[90)] 방만하게 재정을 운용하여 신민의 환심을 샀지만 다시 세금을 거두어야 하는 상황이 되면 그들은 새로운 상황을 참지 못한다. 기대를 조정하려는 자는 독재자만이 아니다. 기업의 책임자도 물질적 유인으로 월급 인상 대신 보너스를 즐겨 사용한다. 월급은 기대를 낳지만 보너스는 그냥 감사할 뿐이다.

당신이 반대하고 싶은 지배자가 대중에게 희망을 심어준다면 이를 마다하지 마라. 당신이 해야 할 일을 지배자가 대신해주니 말이다. 오히려 지배자의 개혁을 적극적으로 지지하여 모두가 진심으로 기대하도록 도와야 한다.

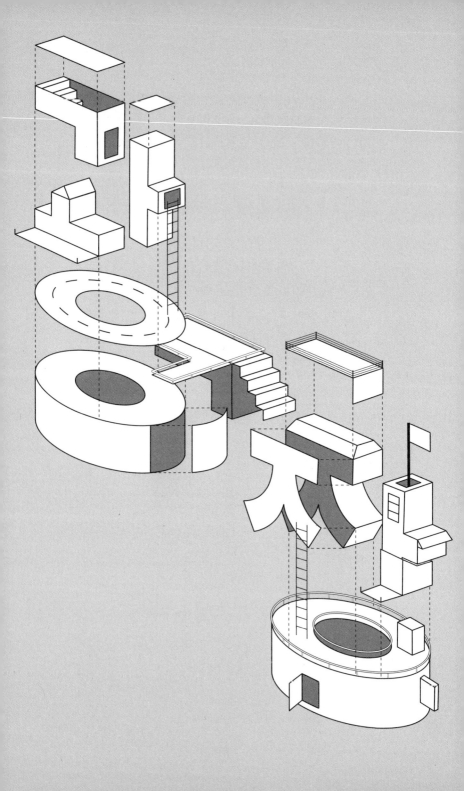

III

광장의
리더십

덕장의 길, 보원이덕

고려시대 왕의 재임 기간은 조선보다 많이 짧았다. 조선의 양반에 비해 그 수가 훨씬 적은 고려의 문벌귀족은 왕이 교체되더라도 권력에서 밀려나지 않기에 조금이라도 마음에 들지 않는 왕을 퇴위, 독살하는 데 주저하지 않았다. 1970년대 볼리비아의 군부정권에서 군 장성들이 거의 한두 달 단위로 쿠데타를 일으켜 대통령을 갈아치운 정치적 논리와 유사하다.[91] 당시 볼리비아 언론은 일기예보처럼 다음 대통령을 예보하기도 했다. 누가 대통령이 되더라도 군 장성들은 자신의 특권을 유지할 수 있었기 때문이다.

고려 왕들의 생물학적 목숨을 위협했던 문벌귀족 사회의 초석(?)을 세운 이가 바로 태조 왕건王建이다. 왕건은 자신에 맞서 완강히 대항한 자라도 일단 잘못을 뉘우치고 충성을 맹세하면 품고 우대하였다. 그들의 딸과 혼인을 맺어 자신의 약속을 더욱 굳게 믿도록 하였다. 이러한 포용정책이 문벌귀족 사회를 낳았지만, 이는 후삼국 시대의 치열한 다툼 속에서 점점 더 많은 세를 모을 수 있던 비결이기도 하다. 왕건의 통 큰 모습을 본 견훤甄萱마저 아들을 피해 왕건에게 달아났다. 후백제의 수장으로 공산(대구 팔공산) 전투에서 거의 왕건을 죽음의 문턱까지 몰고 간 견훤이었다. 그의 투항이 티핑포인트로 작동하면서 통일 전쟁은 빠르게 마무리된다. 왕건은 한국사에서 유례가 없는 덕장이다.

아랫사람을 위해 자신을 희생할 줄 아는 덕장이 지장이나 용장을 압도한다. 인간적인 매력을 넘어, 덕장이 정치의 원리에 더 부합하기 때문이다. 정치는 싸움이고 싸움에서 이기려면 다수의 지지가 필요하다. 다수의 지지자는 더 많은 지지자를 불러와서 대세를 형성한다. 당신은 누구를 따르겠는가? 보상과 승산이 중요하다. 승산의 높고 낮음은 지지자의 수에 좌우된다. 보상은 승리한 다음에 주어진다. 오늘 충성하지만 보상은 내일 이루어진다. 모든 내일은 불확실하다. 지도자의 마음이 변할 수 있다. 화장실 들어갈 때와 나올 때 마음이 다르다. 이솝우화에서 어리석은 사자는 딸과의 결혼을 허락하겠다는 농부의 말을 믿고 이빨과 발톱을 뽑아버렸다가 낭패를 당한다. 어리석은 사자가 되기 싫은 엘리트는 믿을 만한 이가 누군지에 관심이 많다. 부하를 아끼는 덕이 높은 자가 누구보다 믿음직스럽다. 사자를 속인 농부와 달리 왕건은 많은 이와 혼인 관계를 맺었다. 모든 부하 장수의 이름은 당연히 외웠으리라. 미래의 보상이 더욱 믿음직한 왕건을 지지하고, 이는 왕건의 승산을 더욱 높여 더 많은 호족의 참여를 유도한다.[92]

그렇다면 덕장이 되려면 어떻게 처신해야 할까? 세 명의 위대한 중국 고전 사상가의 입장이 흥미롭다. 한비자, 노자, 공자의 생각을 차례로 살펴보자.

우리는 보통 잘못한 이에 대해 '눈에는 눈, 이에는 이'(흔히 팃포탯tit-for-tat이라 표현되는 원칙, 요즈음 북미 관계에서 이야기되는 '행동 대 행동'도 이와 유사)로 대처하라는 조언을 자주 듣는다. 『함무라비 법전』에 새겨져 있다는 '눈에는 눈, 이에는 이'라는 방책이 죄와 벌의 비례성에 부합하는 듯하다. 이러한 입장과 닿아 있는 이가 한비자이다. 보원이원報怨以怨이다. 사실 한비자는 범한 잘못 이상의 처벌을 제안한다. 개미 무덤에는 발이 걸려 넘어져도 태산에 걸려 넘어지는 자는 없다고 한비자는 말한다. 무자비한 처벌이 예상될 경우 실수로라도 잘못을 범하지 않도록 많이 조심한다는 말이다.

일단 비례의 원칙인 팃포탯을 가정해보자. 둘이서 한 사람이 먼저 뺨을 때리고, 맞은 사람 역시 자신이 아픔을 느낀 만큼 때리도록 하는 게임을 해보자. 이 게임의 결과는 아마도 격투로 끝날 가능성이 높다. 왜냐하면 때린 자와 맞은 자의 느낌이 다르기 때문이다. 이득보다 손실에 훨씬 민감하게 반응하도록 우리의 마음은 진화했다. 생존 게임에 유리하기 때문이다. 이성 짝을 만나기 전에 먼저 포식자를 피해야 하는 이치이다.[93] 손실에 대한 강한 민감도로 인해 내가 맞은 느낌만큼 상대방을 때린다면 상대방은 자신이 때린 강도보다 세게 맞았다고 불평한다. 자기 차례에서 전보다더 세게 때린다. 갈등은 갈수록 증폭된다. 이것이 바로 눈에는 눈, 이에는 이라는 전략이 가지는 문제점이다.

이와 정반대되는 견해를 노자가 피력한다. 보원이덕報怨以德이다. 원수를 덕으로 갚으라는 가르침은 예수를 닮았다. 오른쪽 뺨을 치거든 왼쪽 뺨도 대라는 가르침이다. 게임이론의 분석에 따르면 보원이덕은 시작이 아무리 아름답더라도 모두가 망하는 전략이다. 상상해보자. 고립되어 생활하는 원시 부족이 있다. 이곳 주민들은 모두 천사처럼 보원이덕의 정신으로 살고 있다. 협동이 넘쳐나는 활기찬 마을이다. 그런데 한 가정에서 돌연변이가 태어났다. 그는 보원이덕이 아니라 보덕이원報德以怨의 전략 유전자를 지니고 있다. 천사들 틈바구니에서 그의 악행은 처벌 대신 커다란 보상을 가져다준다. 그의 후손이 더욱 번성하면서 몇 세대를 지나자 마을에는 보원이덕의 유전자는 점점 사라지고 보덕이원의 유전자만이 넘쳐난다. 활기 넘치던 마을의 모습은 온데간데없고, 의심과 기만이 판을 친다. 보원이덕의 문제점이다. 보원이덕은 보덕이원의 전략 앞에 속수무책이다.[94]

공자는 보원이원에 반대함이 분명하다. 마이클 샌델 Michael J. Sandel이 『정의란 무엇인가』에서 줄기차게 비판하는 도덕에 대한 신자유주의적 태도를 공자는 일찍이 거부했다.[95] 그것도 경험적 근거를 들어서 말이다. "법으로 사람을 대하면 처벌만 피하려 할 뿐 부끄러움을 잃어버린다 齊之以刑 民免以無恥"고 「위정爲政」 편에 적고 있다.

법적 처벌이라는 외부적 유인이 강할 경우 자신의 내면적 가치에서 유발되는 내재적 동기가 약해지고 집단의 성격이 교환관계로 고착된다. 그렇다고 보원이덕도 아니다. "원수를 덕으로 갚으면 덕은 무엇으로 갚을 것인가"라고 반문하는 공자는 대신에 보원이직報怨以直의 방책을 제시한다. 잘못을 바로잡는 방식으로 부하를 대한다면 덕장의 풍모를 잃지 않고도 기율을 유지할 수 있지 않을까 한다.

2

마키아벨리는 여전히 맞다

진정한 자아를 찾자는 광풍이 몰아친다. 짧은 인생을 더욱 값지게 살 수 있는 길인 것처럼 이야기한다. 짝퉁이 아닌 진짜 명품을 원하듯 진정성을 추구한다. 얼핏 말이 된다. 거금을 들여 구매한 그림이 가짜이기를 누가 원하겠는가? 노력과 시간을 들여 사람을 알아갈 때 그의 진정한 모습을 보고 싶다는 욕망은 당연한 듯하다. 그래서 우리는 상대에게 자주 묻는다. 나는 이런 사람인데 너는 어떤 사람인가? 그런데 진정한 모습, 껍데기가 아닌 본질은 무엇인가?

진정성과 날 감정이 동일시되는 듯하다. 진정성을 찾자면서 우리는 순간순간 느끼는 감정을 솔직하게 표현하도록 부추긴다. 처음 소개팅 자리에서 상대방에게 시시각각

자신이 느끼는 수많은 감정을 있는 그대로 표현해보라. 가게에 들어오자마자 분위기가 좋지 않다고 모두에게 들리는 소리로 불평을 한다. 가게 주인은 눈살을 찌푸리지만 아랑곳않는다. 상대는 그런 당신의 진정성에 감복하기보다는 가게를 나오자마자 도망가버리지 않겠는가?

　진정성은 내 안에 고정되고 일관된 실체로서 나를 조종하는 또 다른 내가 있다고 전제한다. 이는 틀렸다. 현대 심리학과 사회학이 밝힌 주요한 발견 중 하나는 내 속에 또 다른 나는 없다는 사실이다.[96] 발작 증세를 완화하기 위해 수술로 좌뇌와 우뇌를 분리한 환자의 행동을 보면 모순적인 생각이 우리의 머릿속에 공존하고 있음을 경험적으로 확인할 수 있다. 좌뇌, 우뇌라는 거친 분리를 넘어, 뇌 곳곳에 흩어진 신경세포의 연결 형태에 따라 순간순간 우리의 판단과 욕망이 달라진다. 내 속의 또 다른 나처럼 느껴지는 의식인 자아는 무의식 속에서 벌어지는 갈등을 사전에 결정하는 대신 갈등의 결과를 사후에 대변하고 합리화한다. 우리의 뇌를 의회라고 생각하면 쉽다. 의회에서는 정치인들이 합종연횡으로 다투다 한쪽이 승리한다. 무의식의 세계에 접근할 수 없는 우리의 자아는 여기저기 산재한 뉴런 연합체 사이의 갈등 결과를 추인할 뿐이다. 지금까지 밝혀진 이러한 뇌의 작동 원리를 인정할 경우 자아의 단일한 실체를

전제한 진정성 추구가 얼마나 허망한 노릇인지 쉽게 알아챌 수 있다.[97]

무엇이 당신의 진정한 모습인가? 당신의 내면을 매일 매시간 기록해보자. 기록만으로는 당신은 누구인지, 어떤 사람인지 당신에게도 분명하지 않다. 시시각각 변하는 당신의 마음, 원칙, 느낌, 욕망을 목격하지 않는가? 왜 『지킬과 하이드』가 불후의 명작이 되었는지를 생각해보라. 이성과 감정, 이드와 초자아, 좌뇌와 우뇌 등 우리 자신의 분리를 이야기하는 수많은 개념이 던지는 하나의 메시지가 있다.[98] 진정으로 불변하는 하나의 당신은 없다. 그렇기에 의식에 들어오는 순간순간의 생각과 느낌을 공개적으로 모두 말해버리는 것은 당신의 진정한 모순을 보여주는 것에 불과하다. 자신과 주위 사람 모두를 힘들게 할 뿐이다.

그래도 친구 사이에 당신의 진정한 속마음을 시시각각 표현하는 것은 큰 문제가 아니다. 사실 친구는 그래서 있는 것이니 말이다. 문제는 광장에서다. 광장은 공개성으로 인해 저항의 장소가 되지만 잘못 사용하면 큰일이 벌어진다. 기득권의 위선과 기만을 거부한다면서 자신의 은밀한 욕망이나 속마음을 공개적으로 명명백백하게 표현하는 것은 광장을 죽이는 자살행위이다. 절대로 당신의 공적 이미지를 깎아내리는 말을 공개적으로 하지 마라. 광장을 이끄는 당신에게는 친구가 아니라 지지자가 필요하다. 자기 모순적인 우리는 모두 가끔 누군가에게 자신의 이상한 속내를 말하고 싶은 욕심이 있다. 그때는 아주 친한 친구를 만나라. 아니면 공항이나 역에서 만난 낯선 이와 이야기하라. 누군가와 따로 만나 감추고 싶은 비밀을 이야기한다면 당신의 마음은 편해지고, 그는 당신을 더욱 친근하게 느낄 것이다. 하지만 모두가 듣고 있는 만찬 장소에서 자신의 민망한 비밀을 이야기하는 순간 당신에 대한 부정적인 공동지식이 생기고 당신의 발언은 삽시간에 장안의 화제가 된다.

동일한 맥락에서 마키아벨리는 『군주론』에서 군주가 모든 면에서 훌륭한 인격을 갖출 필요도 없고 갖출 수도 없지만, 반드시 갖추고 있는 것처럼 보여야 한다고 강조한다. 항상 선하게 행동하려 한다면 자유와 평등처럼 상쇄 관계trade-off에 있는 가치 사이에서 우왕좌왕하게 된다. 항상 선하기 어려운 이유이다. 필요에 따라 악행을 서슴없이 저지르라고 충고하는 마키아벨리이지만 말은 항상 신중하고 경건하게 해야만 한다고 분명하게 조언한다. 우리는 다른 이의 겉모습만 보고 재빨리 결론에 뛰어든다. 우리의 특기이다. 저항할 수가 없다. 다소나마 통계적으로 신뢰할 만큼 충분한 경험을 했는지를 스스로 묻는 이는 거의 없다. 좋은 외양을 선보이면 우리 대부분은 바로 믿어버린다. 좋은 말을 마다

할 이유가 무엇이겠는가? 공개적으로 일관되게 선한 말을 하면 군주가 선하다고 모두가 믿는다고 모두가 믿는 공동지식이 생긴다. 군주의 사악한 실체를 아는 자는 입을 다물 수밖에 없다. 한비자의 표현대로 어찌 한 개의 입이 백 개의 입을 이길 수 있겠는가?

공개적 표현이 위험천만한 공동지식을 만들 수 있기에 말을 잘해야 할 때와 얼버무릴 때를 노련하게 구분해야 한다. 공자의 조언처럼 말을 섞을 자와 피해야 할 자를 구별하라. 똑똑한 당신이지만 앞뒤가 맞지 않는 선문답을 연습하라. 상대할 자리가 아니지만 굳이 표현하고 싶다면 몸짓이나 표정이 바람직하다. 말은 옮기기가 쉽지만 말로 정확히 묘사하기 힘든 몸짓이나 표정은 옮겨지는 과정에서 의미가 불분명해진다. 위험한 공동지식을 피하려면 간접 화법을 적절히 구사할 필요가 있다. 간접 화법을 통해 우리는 전략적 애매모호성을 유지할 수 있다. 아마도 이 분야의 전문가는 직업 외교관이 아닐까 한다. 서로가 무엇을 합의했는지 불분명한 두루뭉술한 문구로 작성된 외교 문서는 서로에게 부담이 없다. 첫술에 배 안 부른 이유이다. 각자가 다르게 해석할 수 있기에 당장에는 각자의 다른 생각들은 그대로 둔 채 합의문이라는 성과를 대내외에 자랑할 수 있다.

사실 우리는 에둘러 하는 표현에 익숙하다. 서로 좋아하지만 꼬이고 꼬여버린 남녀를 다룬 로맨틱 코미디 영화 〈해리가 샐리를 만났을 때〉처럼 우리는 누구의 해리이고 누구의 샐리일 수 있다. 혹여 성급한 고백이 설익은 관계를 파탄 낼까 두려운 우리는 의도가 꽤 분명하지만 여전히 다른 해석이 가능한 말을 내뱉듯 한다. 약간은 비겁한 언사 덕분에 내가 고백했다는 사실을 서로가 알고 있다고 서로 믿는 공동지식을 막을 수 있어 한발 물러설 여지가 생긴다. 에둘러 표현한 질문을 문자 그대로 해석하면서 의도를 모른 체하는 식으로 거부할 수 있다. 그리고 친구로 돌아온 둘은 웃으면서 술 한 잔 마시러 맥줏집으로 향한다.[99]

적당한 위선은 사회생활에 반드시 필요하다. 어차피 내 의도가 무엇인지 알고 있는데 뭐 그리 조심스럽게 돌려서 말하는가? 그냥 말해버리지. 다소나마 에둘러 표현하는 것은 상대에게 당신의 꽤 분명한 제안과 의사를 부드럽게 거부할 수 있는 여유 공간을 주는 언어 행위이다. 각자는 의도를 알아들었지만 서로 알아들었음을 확신할 수 없다면 관계를 파탄내지 않으면서 거절하기가 훨씬 쉬워진다.

너무나 분명하게 자신의 감정을 표현하면, 주워 담을 수 없을 뿐 아니라 소문을 내기도 참 좋다. 자신에게 불리한 공동지식을 발생시킨다. 분명한 표현은 논문을 쓸 때는 바람직하지만 정치하기에는 좋지 않다. 남양유업 사태가 일어난 이유는 갑질하는 목소리가 너무나 분명하게 녹음되었기 때문이다. 모든 문장이 고스란히 남아 있는 이메일이 무서운 것이다. 탄핵 정국의 최대 변곡점 중 하나가 바로 CCTV에 찍힌 최순실의 영상이었다. 영상이 없었다면 수많은 주장과 변명이 만들어낸 소음 속에서 사건은 묻혀버렸을 것이다. 영상이 주는 분명한 정보로 인해 모두가 알고 있다고 모두가 믿는 공동지식이 자연스럽게 발생했다.

천박하고 저질스러운 말만큼이나 리더는 부정적인 진실을 공공연히 말하지 않게 조심해야 한다. 불리한 정보는 무엇이든 공개적으로 알리지 않는 편이 낫다. 공원에 놀러 온 이들이 기념품으로 자연석을 하나씩 집어간다고 안내방송으로 공개적으로 나무라면, 오히려 자연석 훼손이 더욱 심해진다. 많은 관광객이 나쁜 짓을 한다는 사실을 알면 나쁘게 행동하기가 더 쉬워진다.[100] 똑같은 이유로 개혁을 위한 반부패 투쟁은 나라를 송두리째 부패의 소용돌이로 몰아갈 수 있다. 정부의 반부패 투쟁은 많은 이들에게 부패가 만연하다는 사실을 간접적으로 알려준다. 나쁜 일은 조용히 처리해야 한다.

말로 천 냥 빚을 갚을 수 있고 광장에서 승리를 가져올 수 있다. 말의 포장이 말의 내용만큼 중요하다. 좋은 포장으로 수사적 우위rhetorical advantage를 유지하라. 절대로 그들의 용어대로 말하지 마라. 수사적 우위는 싸움을 유리하게 이끈다. 인간의 인지적 습성과 큰 관련이 있다. 우리는 자신의 이해와 상충하지 않는 이상 정의의 편에 서고자 하고, 동시에 주어진 대로 생각하는 경향이 있다. 우리 대부분은 바쁘게 살아간다. 따로 시간을 내 이 문제를 다르게 볼 여유가 없기에 수사적 조작에 취약하다. 대북 정책에서 평화와 안보라는 단어가 팽팽히 맞서는 이유이다.[101]

저항이 성공하려면 공개된 광장이 필요하다. 광장의 공개성은 순진한 솔직성과 양립하기 어렵다. 이제부터 당신은 본격적으로 전략적일 필요가 있다. 승리를 위해 당신의 겉모습을 치장해야 한다. 쇼는 필요하다. 우리 모두는 의미를 추구하기 때문이다. 당신이 하는 행동이나 선택은 다양한 각도에서 해석될 수 있다. 항상 그 말을 잊지 마라. 선의에서 행동했음을 항상 강조하라.

그래서 어떤 순간에도 아름다운 말을 청산유수처럼 쏟아낼 수 있는 훌륭한 대변인이 필요하다. 단 대변인에게 모든 걸 다 알려주지 마라. 더러운 진실을 모르는 대변인은 마음의 불편함이 없이 지도자에게 유리한 쪽으로 상황을 해석하고 당당하게 말한다. 사실 언어 기능은 우뇌와 분리된 좌뇌의 특정 부위가 담당한다. 이는 언어를 담당하는 뇌 영역이 우리 머릿속 수많은 생각의 극히 제한된 부분에만 접근 가능하다는 의미이다. 이러한 제한 덕분에 우리의 뇌는 우리의 자존감을 지키는 훌륭한 대변인처럼 말할 수 있다. 자신이 진술하고 있는 거짓말이 거짓인지 진정 모르는 자는 거짓말 탐지기에 걸리지 않는 이치와 마찬가지이다.[102]

지도자는 말조심을 하면서도 공개적 광장에서 절대 뒤로 숨어서는 안 되고 주목받아야 한다. 그래야 공동지식을 생산하는 능력을 가질 수 있다. 왕이나 두목이 커다란 모자와 화려하게 장식된 외투와 지팡이 등으로 불편하게 자신을 치장하는 이유이다. 이솝우화의 모기는 절대로 지도자가 될 수 없다.

> 모기가 황소의 뿔 위에 앉아 한참 동안 쉬었다. 모기는 그곳을 떠나면서 이제 자기가 떠나도 괜찮겠냐고 황소에게 물었다. 황소가 말했다. "나는 네가 오는 것도 몰랐으니 네가 간다 해도 모를 거다."[103]

광장의 성공은 공동지식에 달려 있다. 공동지식을 만들 수 있으려면 모두가 주목한다고 모두가 믿는 초점이 되어야 한다. 이를 위해 지도자는 광장에서 자신의 존재감을 드러내려 노력해야 한다. 걸음걸이, 자세, 옷 등이 중요하다. 어쩌랴. 철학자가 아무리 인간을 본능적 욕구의 노예인 동물과 분리하려 해도, 우리 역시 감각으로 들어오는 정보에 너무나 쉽게 흔들리는 가녀린 존재가 아닌가? 어차피 알아챌 수밖에 없는 주머니 속의 송곳은 광장에는 없다. 열심히 페달을 밟아서라도 자신의 존재를 과시해야 한다. 이미 높은 자리에 앉은 자야 쉽겠지만.

남한을 방문할 때 북한 김정은의 여동생 김여정이 아니라 현송월이 명품을 즐겨 입은 이치도 이와 같다. 중세 시대 귀족은 이름만으로 자신의 신분과 지위를 과시할 수 있었다. 산업화 이후 새롭게 등장한 신흥 부자들은 귀족과 같은 편리한 장치가 부족했다. 은행 통장을 보여줄 수도 없는 노릇이다. 명품이 과시의 문제를 해결했다.[104] 광장의 지도자는 명품을 입지 않더라도 자신의 존재감을 드러내는 데 소홀하면 안 된다. 조금 앞서 걷고 중간에 앉아라.

광장을 이끌려면 진정성의 포로가 되어선 안 된다. 낯 간지러운 '좋은 말하기 게임'을 포기하는 것은 정치에서 패배를 인정하며 링으로 수건을 던지는 것이다. 안빈낙도의 평화로운 삶을 원한다면 결코 나쁘지 않다. 하지만 싸우기 위해 광장에 나왔다면 그에 맞게 행동해야 한다.

3

낙관주의는 합리적이다

묵묵히 자신의 할 바를 열심히 하면 성공은 따라온다는 말을 자주 듣는다. 당신이 야구 선수라면 이런 태도는 참으로 타당하다. 하지만 당신이 미술을 한다면 다른 노력이 필요하다. 네트워킹이다. 박물관, 갤러리, 수집가 등 주요 행위자를 연결하고 있는 큰 손의 네트워크에 들어가야 화가로서 명예와 성공을 얻을 수 있다. 그림만 좋아서는 성공할 수 없다. 줄기찬 인맥 쌓기로 핵심 네트워크와 연결되어야 그림의 시장 가치도 자연스럽게 올라간다. 그리고 일단 들어가기만 하면 만사형통이다. 미술계 거물들이 자신의 판단을 확증하기 위해 당신의 성공을 계속 밀어준다.[105]

정치는 프로야구 리그보다 미술계를 닮았다. 화가가 자

기 그림의 가치를 적극적으로 알려야 하는 것처럼 정치인은 자기 팔을 스스로 흔들어야 한다. 자신을 알려야 한다. 이를 위해 먼저 자신을 믿어야 한다. 약간의 과신도 무방하다. 스스로 위대한 화가라고 믿어야 하는 것처럼 말이다. 지도자나 추종자 모두 사람인데 어찌 불안하지 않겠는가? 미래는 원래 그런 것이다. 불확실한 미래를 걱정하는 추종자는 지도자의 태도에서 승산을 간접적으로 유추하고자 한다. 지도자가 의연한 태도를 보일 때 우리가 승리할 조건 확률 P(승리/지도자의 의연한 태도)가 추종자의 머릿속에 작동한다. 그런 추종자들 앞에서 지도자가 무심코 내뱉은 회의감은 일파만파의 파장을 불러온다.

광장에서의 승부는 다수의 기대가 어디로 수렴하는가에 달려 있다. 다수의 기대는 다수의 기대를 몰아 꿈을 현실로 이룬다. 자기실현적 예언self-fulfilling prophecy이다. 체증곡선을 보이는 광장에서의 싸움은 심리게임이다. 아파트 가격이 오른다는 다수의 믿음은 가격 상승을 부추기고 이는 다시 다수의 믿음을 강화하는 원리와 동일하다. 확신은 확신을 불러온다. 반대로 싸움이 한창인 상황에서 실수로 지도자가 자신의 비관적 전망을 공개적으로 표현하고 이를 다수가 목격한다면 게임은 끝난다. 관찰 이후 승산을 낮게 재조정한 이들이 빠져나가고, 이는 승산이 없다는 의심을 더욱 악화시킨다. 성공이 아닌 실패와 소멸의 나선이 만들어진다.

심지어 제국의 몰락 과정에서도 미래에 대한 비관적 심리가 결정적이다. 무시무시할 것만 같은 소련 공산주의는 스탈린 사후 꽤 방만하게 운영되었다. 국가 소유의 공산주의 경제에서는 누가 무엇을 소유(재산권)했는지가 불분명하다. 이는 공산주의의 문제만은 아니다. 한국의 공기업은 누구의 것인가? 국유재산은 술자리의 안주처럼 나의 소비가 다른 이의 소비에 영향을 미치는 경합성과 누구나 접근할 수 있는 비배제성을 특징으로 하는 공유지의 성격을 지니고 있다. 공유지는 먼저 가지는 자의 것이 되기에 모두가 더 빨리 더 많이 가지려 경쟁한다.[106]

탐욕의 경쟁이 극단으로 가지 못하도록 막은 힘은 소련 공산당의 권위이다. 당신은 몇 십 년 동안 동토의 땅 시베리아에서 석유 공장의 책임자로 당이 요구하는 할당량을 성실히 넘겨왔다. 사실 공장의 생산량은 당의 요구치를 훨씬 넘어서지만 책임자인 당신이 스스로 이를 알릴 이유는 없었다. 그렇게 오랫동안 여분의 생산량을 암시장에 내다 팔아 남은 이익을 부하 직원들에게 배분하고 나머지 적지 않은 몫을 자신이 가졌다. 이 덕에 미국에 자식 둘을 유학 보낼 수 있었다.

그런데 고르바초프 총서기장이 체제 개혁을 위해 민주

화를 한다면서 선거를 도입한다. 여기서부터 공산당 엘리트의 미래에 대한 불안감은 급상승한다. 민주화 세력이 성장하여 공산당의 권위에 도전하고, 소련을 구성하는 주요 민족 공화국의 행정 수반이 공산당에 반대하는 이들의 손에 떨어진다. 이제 내년에도 자신이 이 공장의 책임자로 남을지 불확실하다. 이웃 도시의 목재 공장 책임자는 대놓고 모든 목재를 암시장에 내다 팔고 있다. 아무도 그를 처벌하지 않는다. 부패가 걷잡을 수 없이 번지면서 나라가 곧 망한다는 소문이 파다하게 퍼진다.[107] 그도 이제 더는 잠자코 있을 수 없다. 석유 전부를 암시장에 내다 팔아 버린다. 불안감이 전염병처럼 퍼지면서 소련 공산당 엘리트는 국유재산이라는 거위가 황금 알을 낳기를 기다릴 게 아니라 아예 칼로 배를 갈라야 한다고 믿는다. 모두가 소련의 미래를 불신한다. 이런 가운데 국유재산은 바닷가 모래성처럼 사라지고 소련은 내부로부터 몰락한다.[108]

1991년 소련의 몰락은 필연이 아니었다. 고르바초프의 전략적·인간적 실책이 연속적으로 발생하면서 일어난 역사적 우연이다. 오죽하면 구소련 구성 공화국 중 하나인 리투아니아에서 고르바초프가 미국 스파이라는 설정의 인기 드라마가 만들어졌겠는가? 이해할 수 없는 역사적 반전을 납득하고 싶은 소박한 마음이 느껴진다. 소련의 몰락은 아마도 원자력발전소의 폭발 사고와 유사한 측면이 있다. 일반적으로 원자력발전소는 다양한 안전장치가 독립적으로 작동하도록 설계된다. 다섯 가지 사고가 동시에 일어날 확률은 다섯 가지 독립확률의 곱이라는 의미이다. 당연히 곱한 값은 거의 0에 가깝다. 즉 사고 발생 가능성이 수학적으로 거의 없다. 그런데 미국 펜실베이니아주 스리마일섬 원자력발전소에서 다섯 가지 정도의 사소한 사고가 동시에 발생하면서 참사가 벌어질 뻔했다. 고르바초프의 연속된 실수 중 하나만이라도 없었다면 소련은 그렇게 쉽게 무너지지 않았을 것이다. 공산당의 정치적 독점을 해체하는 소련의 민주화를 성급하게 결정하지 않았다면, 공화국 단위의 선거가 아니라 소련 대통령 선거를 먼저 실시했더라면, 발틱 공화국의 독립운동을 무자비하게 탄압했더라면, 공산당원의 부패 행위에 단호하게 대처했더라면…. 이 중 하나만이라도 그가 충실히 이행했다면 소련이라는 공룡의 몰락은 없었을 것이다.[109)]

시리아 내전이 격화되면서 오바마 정부는 아사드 정권에 엄중한 경고를 보냈다. 민간인에게 대량살상무기를 사용할 경우 미국 정부가 시리아 정부군을 폭격할 것이라며 레드라인을 분명히 했다. 시리아 정부는 경고에 아랑곳하지 않고 몇 차례 선을 넘었다. 그런데 오바마 정부는 공습 대신 침묵했다. 이는 시리아 내전의 운명을 가르는 티핑포인트였다. 이제 반군 내부에 승리에 대한 확신은 사라졌다.

미래를 불안해하면 참을성을 잃거나 저항을 포기하지만, 미래를 확신할 경우 커다란 인내심을 발휘한다. 꼬마 아이들이 핫도그 꼬치를 먹는 모습이 흥미롭다. 아이들은 속에 들어 있는 소시지를 무척 좋아하지만 빵과 같이 한 입 베어 먹는 대신 빵만 쏙쏙 발라 먹고 소시지를 그대로 남겨둔다. 현재에 집중하는 깨어 있는mindful 마음을 가르치는 현자는 아마도 빵과 소시지를 같이 즐기라고 말할지 모른다. 한 자루의 사과 봉지에서 나쁜 사과부터 먹기보다는 가장 좋은 것부터 먹으면 항상 최고를 먹을 수 있기 때문이다. 소시지를 가장 나중에 먹는 모습은 아이들이 너무 현재를 즐겨서 문제라는 어른들의 지적에 반한다. 분명히 빵 속에 소시지가 있는 것처럼 미래가 확실하다면, 우리 대부분은 미래의 즐거움을 음미하면서 오늘의 향락을 절제한다. 금요일이 좋은 이유는 내일 분명히 주말이 기다리고 있기 때문이다. 매력적인 이성과의 소개팅은 미리 알수록 행복하다. 즐거운 내일이 온다고 확신을 하는 자는 오늘의 어려움을 즐거운 마음으로 감수한다.[110]

광장에 나온 이들은 모두 핫도그 꼬치를 먹는 아이처럼 미래를 낙관적으로 기대하고 있다. 미래를 위해 오늘 위험한 광장으로 나온다. 그런 이들도 미래에 대한 믿음을 잃는 순간 광장을 떠난다. 그리고 비관적 믿음은 확증된다. 싸움을 시작하는 당신은 한순간도 패배의 가능성을 내비쳐서는 안 된다.

공격하려는 자만큼이나 지키려는 자 역시 미래를 확신해야 한다. 상상해보자. 위기에 처한 국가의 독재자가 수많은 군중이 모인 집회에서 연설을 시작한다. 우리 조국과 정권은 영원할 것이라고 강변하다 물을 마시기 위해 연설을 쉬는 도중 실수로 혼잣말을 한다. "아무래도 오래 버티기 힘들겠군." 그런데 아뿔싸, 그 말이 광장에 울려퍼져버렸다. 사람들은 웅성웅성한다. 싸늘한 기운이 삽시간에 광장 전체를 감싸버린다. 이때 뒤에서 누군가 외친다. 독재자를 타도하자.

승리에 대한 낙관적 태도를 견지하지만 오만에 빠져 승산 없는 싸움을 일으켜서는 안 된다. 사실 지도자는 비관적인 감흥보다는 오만에 빠질 가능성이 매우 높다. 정치인들은 항상 자신을 추앙하고 충성하는 자들에 둘러싸여 있다. 인人의 장막은 정보를 막을 뿐 아니라 정신을 혼미하게 한다. 유세를 하는 동안 많은 지지자가 전하는 덕담과 연호에 기분이 마구 좋아진다. 얼마나 기분이 좋아지고 판단이 흐려지면 '유세뽕'이라는 말이 나왔겠는가? 당신의 이름을 열렬히 연호하는 지지자들과 함께 시장을 방문한다. 시장 상인은 반갑게 인사하며 건투를 빈다. 마음이 크게 흥분되면서 승리를 확신한다. 아뿔싸, 그 상인은 바로 어제 상대 후보자의 손도 따뜻하게 잡아주었다.

우리는 보지 못한 것을 생각하지 못한다. 우리는 우리 눈앞에 있는 것만이 전부라는 착각에 빠진다. 책을 내기 전까지는 한 달이 멀다 하고 출판되는 책이 그리 많은지 미처 알지 못한다. 아마도 미리 알았다면 처음부터 책을 쓸 엄두를 내기도 어려우리라. 평소에는 그저 우리의 관심에 들어오는 책들을 보며 '몇 권의 책이 있겠지'라며 신간의 수를 엄청나게 과소평가한다. 그런 당신은 책을 내고 광화문 교보문고를 들르는 순간 깜짝 놀랄 것이다. 평소에도 자주 찾은 서점이지만 깊이 자각하지 못한 사실 하나를 직시하게 된다. 서점에 책이 너무나 많다. 이 많은 책 중에 한 모퉁이에 당신의 책이 놓여 있다. 구매는 고사하고 과연 서점을 방문한 이들의 눈에 들어올까라는 심각한 의구심마저 든다.

오만에 빠진 지도자는 닥치고 투쟁을 외친다. 광장정치가 보험 판매를 닮았다면 무조건 투쟁이 맞다. 보험 판매원은 신중하면 안 된다. 과감해야 한다. 낮은 성공 확률, 낮은 비용, 괜찮은 수익이 발생하는 영역에서 성공의 핵심은 끈기이고 근성이다. 많이 시도하는 정도에 비례해서 성공 횟

수도 증가한다. "도를 믿습니까? 공덕을 많이 쌓은 얼굴입니다"라고 당신에게 접근하는 이들을 만난 적이 있을 것이다. 이들에게 직업을 바꿀 것을 정말로 권하고 싶다. 이들의 강점은 수많은 거부에도 지치지 않는 근성이다. 경험과 교육으로 훈련된 이들은 무수한 무시, 짜증, 멸시 등에 별로 흔들리지 않는 모양새이다. 이들의 훈련된 마음은 보험 판매 등에 최적화되어 있다.

많이 거부당하는 자가 보험을 많이 판다. 낮은 확률과 낮은 비용으로 특징되는 우리네 일상에서 더욱 개방적인 태도로 살아야 하는 이유이기도 하다. 공항이라는 안전한 환경에서 낯선 이와 이야기를 시도해보라. 혹시라도 비행기를 기다리는 한 두 시간 동안의 멋진 대화가 오랫동안 당신의 기억 속에 남아 당신을 미소 짓게 할 수도 있다. 필자는 인생의 성공 공식을 다음과 같이 제안한다. 통제할 수 있는 범위에서 위험을 감수하고 빈번히 시도하는 자에게 좋은 일이 자주 생긴다.[111)]

성공의 정도 = 빈번한 시도 × 약간의 위험 감수

그렇지만 정치는 일상과 다르다. 낮은 성공 확률과 함께 값비싼 대가를 지불해야 한다. 사전에 심사숙고해서 이길

수 있는 싸움만을 골라서 해야 한다. 승리를 믿는 외양적 태
도와 달리 속으로 승산을 깐깐히 따진 다음에 싸움을 시작
해야 한다.

4
승자독식의 정치에서 2등은 해라

대부분의 정치사에서 2인자의 운명은 위험천만하다. 전통 왕조에서 왕자는 권력의 2인자이지만 종종 비운의 주인공 신세가 된다. 사도세자를 비롯해 수많은 왕자가 아버지 왕의 손에 죽음을 맞이했다. 특별히 아버지가 일찍 사망하지 않고, 아들이 나이가 많이 들어버린 경우 아버지와 아들의 관계는 불안해진다. 제정러시아의 표트르 대제 역시 반역을 도모한 아들을 자기 손으로 죽였다. 북한 장성택이 2인자의 삶이 얼마나 허망한지를 분명히 보여준다. 사실 넘버 7이 더 나을지 모른다.

그렇다면 왜 2인자는 위험한가? 2인자는 다수의 주목과 기대를 받는 초점이 된다. 초점은 다수가 동일한 선택을 할 수 있도록 유도하는 눈에 띄는 대안을 지칭한다. 광장과 권력의 원리는 유사하다. 어디로 누구로 모이는가가 중요하다. 지배자를 몰아내는 것은 의회의 불신임 투표가 아니다. 분명한 대안을 두고 모여야 한다. 뭉쳐도 될까 말까인데 갈라져 도전하는 행위는 자살이나 다름없다. 뭉치고 싶은 마음이 큰 정치적 반대자들에게 2인자는 초점으로 자연스럽게 부상한다. 따라서 독재자는 2인자를 항상 의심의 눈초리로 바라볼 수밖에 없다. 의심이라는 씨앗이 마음속에 심어지면 무럭무럭 자라나 짙은 그늘을 만들어버린다. 2인자의 운명은 풍전등화이다.

공자의 가르침처럼 도가 땅에 떨어진 세상에서는 함부로 출세하면 안 된다. 흥선대원군처럼 바보같이 살아야 한다. 의심의 눈초리로 주위를 주시하는 독재자의 눈을 피하려면 엘리트의 눈에서도 벗어나 있어야 한다. 처세가 참으로 어렵다. 그냥 아무 생각 없이 열심히 충성해서 출세만 하면 되는 세상이 아니다. 독재 정치에서 정말로 똑똑한 자는 승진을 거부하기도 한다. 낮은 지위는 독재자의 눈에서 멀리 벗어나 일신의 안전을 도모하기에 나쁘지 않다. 숲으로 숨어버린 죽림칠현의 이야기가 바로 2인자의 운명이 되기를 거부한 현명한 자의 모습을 그리는지도 모른다.

끊임없는 의심의 화신이 스탈린이다. 그는 충성스러운

주구를 주기적으로 죽였다. 스탈린의 2인자라고 할 수 있는 NKVD(내무인민위원회, KGB의 전신) 수장은 거의 10년 주기로 숙청당했다. 스탈린의 개로 무수한 사람을 죽이고 나면 또 다른 스탈린의 개에게 물려 죽는다. 심지어 스탈린 사망 당시 NKVD의 수장인 라브렌티 베리야Lavrentij Berija(스탈린의 세 번째 주구)는 결국 동료의 손에 목숨을 잃었다.

30대의 젊은 무함마드 빈 살만Mohammad bin Salman 왕세자로 왕위 계승이 결정되기 전까지 사우디아라비아는 전통적으로 형제세습 국가였다. 이는 극히 예외적인 사례이다. 부자세습이 2인자 문제를 더 안전하게 처리한다. 형제는 같이 늙어가고 죽는다. 동생은 지금 왕이 늙어 죽기를 기다릴 수 없다. 시간이 갈수록 2인자인 착하디착한 동생이 자신의 지위를 이용해서 쿠데타를 일으키고 싶어 하지 않을까 형인 왕은 노심초사한다. 동생은 늙은 형이 자신을 의심하지 않을까 걱정한다. 갈등을 피할 수 없다. 부자세습의 경우 아들이 왕좌를 물려받을 만큼 성숙해질 때 아버지가 세상을 떠나고 자연스럽게 갈등의 소지는 사라진다. 영조가 조금이라도 일찍 세상을 떠났다면 사도의 운명은 달라졌을 것이다.

어린 김정은이 절대 권좌에 오른 순간 장성택의 운명은 정해졌는지도 모르겠다. 차라리 최룡해처럼 북한 인민의 멸시와 조롱을 받았으면 모를까 존경과 사랑까지 받았으니 더욱 위험하다. 그는 대원군처럼 바보같이 살거나 아니면 차라리 멀리 해외공관 자리를 부탁해서 북한 정치에서 완전히 벗어났어야 했다. 오랜 정치 경험을 지닌 그가 이를 모를 까닭은 없었을 것이다. 그의 선택이 나에게는 수수께끼이다. 이복형 김정남 역시 반대 세력의 잠재적 초점이었기에 암살을 피할 수 없었다.

1957년 소련의 총서기장에 오른 니키타 흐루쇼프^{Nikita Khrushchyov}는 스탈린 철권통치 시절 철저히 발톱을 숨기고 어리숙한 모습으로 살았다. 참으로 현명한 처신이다. 문화혁명의 절정기에 2인자로 올라서서 마오쩌둥을 신격화하는 데 일등공신이었던 린비아오^{林彪}는 숙청의 칼날을 피하지 못했다. 그는 공공연히 2인자임을 과시하고 다녔다. 자살 행위나 마찬가지였다. 중국 인민군이 가족을 싣고 탈출하는 비행기를 한 방에 격추시키는 영화 같은 결말에서 독재 정치의 비정함이 적나라하게 드러난다.[112]

독재에서처럼 민주주의의 선거에서도 1등이 모든 걸 가지는 승자독식이 작동한다. 우리나라는 한 표라도 많이 얻은 자가 자리를 독차지하는 단순다수제를 채택하고 있다. 지방선거에서는 정말 한 표 차이로 당락이 결정된 경우가 있었다. 무효표에 대한 법원 판결이 엇갈리는 속에서 양 후보자가 피 말리는 소송전을 벌인 사건이었다. 이렇듯 단순다수제에서는 수십만 표를 얻더라도 한 표가 모자라면 패배한다. 단순다수제 선거는 1등만 기억한다.

1등이 되기 위해서는 일단 확실한 2등이 되어야 한다. 2등으로 올라서야만 자신을 적극적으로 지지하지 않지만 1등 후보에 대항하고 싶은 유권자의 선택을 받을 수 있다. 그렇게 표가 모이면 역전할 수도 있다. 단순다수제의 규칙에 따라 한 표라도 더 얻은 자가 승리하기에 유권자들은 한쪽으로 선택을 집중하고 싶어 한다. 누구에게로 모아야 하는가? 승산이 중요하다. 모든 것을 한 명이 가져가는 승자독식에서 가장 허망한 존재는 3등이다. 3등을 지지하는 유권자는 승산이 있는 1등과 2등 후보 중 하나를 선택한다.

한국의 대통령 선거로 논의를 구체화해보자. 단순다수제인 한국의 대통령 선거는 한 표라도 많이 얻는 자가 승리하는 승자독식의 게임이다. 동시에 대통령은 실질적으로 막강한 권한을 지니고 있다. 삼권분립이라는 공식 제도에도 불구하고 고도로 발달한 관료 조직의 수장으로 강력한 행정적·재정적 자원을 직접 통제하는 대통령은 광범위한 공식적·비공식적 권력을 행사한다. 실제 대통령이 직간접적으로 좌지우지할 수 있는 중앙부처, 공공기관, 법원, 검찰, 언론사, 협회 등의 주요 보직이 수만 개에 이른다. 강력한 대통령제와 단순다수제 탓에 대통령 선거를 둘러싸고 엘리트와 유권자는 후보자의 승산을 주요하게 고려한다.[113] 승산은 다수의 선택에 대한 기대에 달려 있다. 승리를 원하는 지지자들은 자신의 사적 선호에 따른 독립적 선택이 아니라 다수의 선택에 자신의 선택을 일치시키고자 한다. 엘리트는 출세를 위해, 유권자는 싫어하는 후보자의 당선을 막기 위해 다수의 선택에 편승한다. 힘을 합쳐 선거에서 승리하고자 하는 욕망은 두 명의 강력한 후보를 낳는다. 이 결과 3등은 유권자의 전략적 주목을 받지 못한다.[114] 세 번째 후보자에 대한 선호도와 실제 투표 사이에 큰 괴리가 발생하는 이유이다. 유권자와 엘리트의 조정으로 3등은 쓸쓸히 사라진다.

그런데 양강 체제가 확립되기 위해서는 2등과 3등의 차이가 확실해야 한다. 경제적 자산과 달리 정치적 힘의 차이는 정확히 측정하기가 어렵다. 2등과 3등의 지지도 차이가 크지 않으면 이 둘은 서로 자신의 승리를 자신하고 구경꾼인 유권자는 어디로 힘을 몰아주어야 할지 고민스럽다. 2등이 불분명한 상황에서 유권자는 전략적 투표 대신 소신 투표를 한다. 표는 분산되고 1등이 압도적으로 승리한다. 조정의 실패이다.[115]

이로부터 매우 중요한 전략적 목표가 나온다. 1등은 되지 못하더라도 확실한 2등은 돼야 한다. 다수의 후보가 난립하는 상황에서 확실한 2등의 자리를 굳힌 후보는 이런저런 이유로 마음을 정하지 못한 유권사를 당길 수 있는 구심력을 갖게 되고 막판에 역전을 노릴 수 있다. 1등을 위협할 수 있다고 다수가 믿을 경우 3등과 4등을 지지하는 유권자들 중 1등보다 2등에게 호감을 가진 많은 이가 선거 당일 2등에게 전략적 투표를 한다. 확실한 2등을 유지한다면 투표일이 다가올수록 2등의 지지는 점점 더 불어난다.

그래서 선거에서는 삼십육계의 전략 중 위나라를 포위하여 조나라를 구했다는 위위구조圍魏救趙의 지혜가 필요하다. 위나라에 포위된 조나라 수도를 구하기 위해 조나라로 가는 대신 위나라 수도를 공격해 조나라를 구한 손빈 장군의 전략이다. 눈앞의 목표에 집착해서 전략적 구도를 혼동하면 대사를 망친다. 1등이 되려면 1등에 도전하는 것이 아니라 2등을 이겨야 한다. 2등에 올라서면 1등을 공격하기가 훨씬 쉬워진다. 신진 세력은 먼저 기존 2등을 잡는 데 힘을 집중해야 한다.[116]

그런데 확실한 2등이 되기란 1등을 이기는 것만큼이나 쉽지 않다. 인지도 등에서 불리한 신인이 바로 등수 안에 들어야 하는 단순다수제의 높은 진입장벽 탓에 정치 신인은 부침을 겪을 수밖에 없다. 충성파가 더욱 절실한 이유이다.

아직 확실한 2등의 자리를 차지하지 못해 승산이 낮은 어려운 상황에서도 계산적인 이유가 아닌 가치를 공유한 선도적 지지 집단이 받치고 있어야 나머지 잠재적 지지층을 불러올 힘을 유지할 수 있다. 특히 우리 모두의 눈과 귀를 현혹시키는 SNS의 거센 풍랑 속에서 충성스러운 팬덤만이 수많은 거짓과 노골적 조롱을 견딜 수 있다.

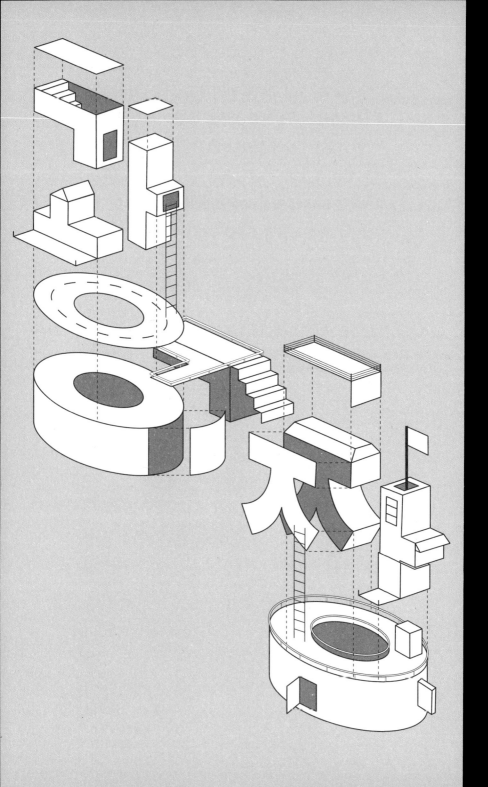

IV

광장의
주의사항

1

다시, 공부에 답이 있다

그는 한 아이의 아버지이다. 그의 누이 중 한 명은 의사이다. 그는 이집트에서 공학 교육을 받고 독일에서 공학 석사학위를 취득했다. 그는 지금 상업용 여객 비행기를 한 시간 정도 몰고 있다. 엄청난 속도로 달리는 자동차의 핸들을 잠시라도 놓치면 순식간에 경로를 이탈해 위험해진다. 비행기는 두말할 나위가 없다. 이제 새로운 목적지를 향해 자기 손으로 비행기를 조종하는 그는 한순간도 잡생각에 빠질 수 없다. 한 시간 후에 닥칠 확실한 죽음 앞에 그는 너무나 태연하다. 그는 비행기를 높은 빌딩 한가운데로 몰아가는 중이다. 한 치의 오차도 없다. 몇 년에 걸친 살인적 훈련과 마지막 순간의 태연함, 이것이 이데올로기의 무서운 힘이다. 환상을 보는 정신이상자는 몇 년 동안의 치밀한 준비를 마칠 수도 마지막 순간에 집중력을 발휘할 수도 없다. 이데올로기에 미친 자만이 가능하다. 사회적으로 고립된 질풍노도의 10대, 20대 청년이 아닌 고급 교육을 받은 30대 가장이 침착하고 끈기 있게 몇 년에 걸친 자살 테러 임무를 동료들과 협력해서 수행한다.[117]

추구하는 가치가 중용을 벗어나면서 신념은 전체주의 이데올로기totalitarian ideology로 변한다. 전체주의 이데올로기는 특정 가치를 절대화하고 이 가치에 개인의 완전한 헌신total commitment을 요구한다. 집단생활을 하는 유사 종교단체가 이를 닮았다. 여기서 개인의 사생활은 사라져야 한다. 가족, 애인, 친구 등은 대의를 향한 개인의 절대적 헌신을 방해한다.[118] 광신도 집단은 사적 인간관계와 사적 소유를 버리고 신념에 철저히 헌신하는 이들로 구성된 집단이다. 이는 레닌이 꿈꾸었던 전위당의 모습과 비슷하다.

레닌, 트로츠키 등과 함께 러시아 혁명을 이끌었던 니콜라이 부하린Niklai Bukharin은 스탈린의 전시 재판show trial에서 미제의 첩자임을 거짓 자백한다. 그의 자백을 어떻게 이해할 것인가? 불가항력적 체념인가? 1930년대 스탈린의 대숙청과 전시 재판을 배경으로 한 소설『한낮의 어둠Darkness at Noon』에서 묘사하듯 미국의 첩자로 기소당해 죽음을 맞이하는 억울한 공산 혁명가는 '소련 만세, 스탈린 만세'라고 외치면서 자신의 죄목을 분명한 어조로 고백한다. 아마도 그렇게 하면 가족의 죽음을 면해주거나 좀더 편하게 죽게 해주겠다는 제안을 받았을지 모른다. 이야기가 더욱 슬픈 이유는 그들이 이데올로기의 노예였기 때문이다. 신생 사회주의 체제가 더욱 공고화될 수 있으면 어떠한 희생도 받아들이겠다는 이상한 정신 상태이다. 이데올로기가 제시하고 있는 유토피아를 개척하는 길에서 개인의 목숨과 사적 감정은 부차시되어야 한다는 위험한 생각이다. 이 때문에 광기에 사로잡힌 자는 몇몇을 죽이는 데 그치지만 이데올로기에 사로잡힌 자는 수십만, 수백만을 죽인다.

이데올로기는 우리를 외눈박이로 만들어버린다. 인간은 보지 못하는 것을 인식하지 못한다. 기도를 한 덕에 살아남았다고 자랑하는 선원에게 기도했지만 죽은 선원은 어디에 있느냐고 물은 고대 철학자의 지혜는 드물다.[119] 한쪽만 보이고 한쪽만 존재한다고 믿는다. 다른 쪽을 보지 못하니 다른 가능성을 생각할 수 없다. 외눈박이 판단주의자는 자신의 말이 진리라 확신하고, 자신의 반인륜적 범죄는 숭고한 성전이라 믿는다.

광장으로 나가는 우리는 싸움의 시작부터 끝까지 이데올로기에 빠지지 않았는지 스스로 몇 번이고 살펴보아야 한다. 문제를 해결하겠다고 나선 자들이 문제가 되는 우는 범하지 않아야 한다. 세상이 틀렸다고 내가 그만큼 틀리면 안 된다. 그런데 뉴턴의 작용-반작용 법칙인지 모르나 악에 대항하는 과정에서 악을 닮아버린다. 싫어하는 부모의 특징을 자식이 닮는 것처럼.

그렇다면 우리는 어떻게 급진적 사상에 빠지는가? 잘못된 신념 체계에서 개인이 빠져나오지 못하는 인식 기제의 핵심에는 확증편향이 있다. 자신이 믿는 생각을 뒷받침하는 증거를 발견하는 순간 더 이상의 고민과 관찰을 그만둔다. 세상을 대할 때 우리는 과학자가 아닌 변호사처럼 군다. 견해를 정하고 증거를 찾아 헤맨다. 증거를 찾는 과정이 별로 과학적이지 않다. '답정너'라는 신조어는 현실을 입맛에 맞게 해석하는 우리의 속임수를 아주 절묘하게 잡아내고 있다. 질문을 자신에게 유리하게 조작해서 다른 사람의 입을 통해 자신의 우월성을 확인받는 '답정너'처럼, 우리는 왜곡된 방식으로 증거를 구한다.

부처가 가르치듯이 물건뿐 아니라 견해도 소유욕의 대상이다. 지금까지 수많은 시간과 노력을 통해 갈고 닦고 간직해온 사상과 신념을 버릴 경우 우리는 엄청난 상실감을 피할 수 없다. 이 신념을 포기하면 지금까지 투자한 모든 것을 잃는다. 정체성마저 사라진다. 신념을 버린 자는 상실감으로 오랫동안 술독에 빠지기도 한다. 엄청난 돈을 잃고 건강을 해칠 정도로 힘들어하는 심정에 비견할 만하다.[120]

여기서 잠시 광신도로 변하는 과정을 살펴보자. 자발적 행위를 통한 신념의 내재화와 사회적 분리를 통한 급진화가 핵심적이다. 신념보다 행위가 조작하기 더 쉽다. 개인은 자발적, 반복적, 공개적으로 행한 자신의 언행과 일치하는 가치를 내면화한다. 담배를 피우니까 나는 담배를 좋아한다는 식이다. 행위가 앞장서고 아직 확고하지 않은 태도가 이에 맞추어 변화한다. 혹은 인지부조화론에서 밝히듯이 자발적 행위가 기존의 신념과 불일치할 경우 신념을 변경하여 행위에 조화시킨다. 바로 자기 정당화이다.[121]

행위가 태도를 이끈다는 사실로부터 가치의 내면화를 위한 주요한 방법을 발견할 수 있다. 조직자는 대의를 향한 구성원의 자발성을 유도한다. 이 과정에서 핵심 기법은 방으로 급하게 밀어 넣기보다는 한 발을 먼저 들여놓도록 유도하는 문턱 걸치기 전략foot-in-the-door strategy이다. 쉽게 표현하면 '야금야금 전략'이라 할 수 있다. 리본 달기, 서명하기 등 낮은 단계에서 시작해 조금씩 수준이 높아진다. 그동안 부지불식간에 행위에 일치하는 신념을 공고히 하면서, 신참자는 열렬한 주도자로 변화한다.

시내를 걷다 보면 수많은 단체가 스티커를 붙여달라고

요청한다. 이에 응하는 순간 개인은 자신을 공적 임무와 사회적 문제에 관심을 가진 시민으로 새롭게 자각한다. 이러한 사전 정지작업이 끝난 이후 기부나 봉사활동에 시간을 내줄 것을 부탁하면, 처음부터 요청할 때보다 훨씬 효과적이다. 광신도 집단은 신참자들에게 자신의 종교적 신념을 받아들이라고 요구하지 않는다. 그런 시도는 실패할 것이 불 보듯 뻔하다. 이는 어떤 이성이 마음에 든다고 다짜고짜 구애하는 미숙한 이의 실수와 비슷하다.

종교단체나 학생단체가 구성원을 대의로 이끄는 방식은 서로 닮았다. 새롭게 참여한 구성원은 세미나를 하면서 대의에 동의하는 발언을 공개적으로 한다. 이후 서명 운동 등 비교적 위험하지 않은 활동을 함께한다. 노래와 춤을 배우고 다른 이들과 함께 공연한다. 시위 대열에 합류하는 등 행위 수준이 점점 높아진다. 마지막으로 자신이 직접 친구와 후배를 설득하면서 신념의 내면화가 완성된다.

신념의 강도가 높아지는 단계마다 개인은 생각이 비슷한 이들과 밀접한 상호작용을 하도록 유도된다. 결국 남은 자들은 그들만의 집단 생활을 한다. 사회적으로 분리되는 것이다. 사회적 분리는 광신도 집단을 만드는 데 필수적 환경이다. 많은 광신도 집단이 오지나 산간벽지 등에서 집단 생활을 한다는 사실은 우연이 아니다. 가족과 친구로부터 단절된 채 오직 조직 구성원과 접촉하면서 신참자는 반대 의견을 접할 기회를 잃는다. 무엇보다 사회적 동물인 개인은 동료의 인정을 받고자 하는 사회적 욕구 탓에 집단의 가치를 자발적이고 적극적으로 내면화한다. 이는 다른 구성원의 내면화를 촉진하는 효과도 발휘한다. 비슷한 생각을 가진 이들이 자신들끼리만 의견을 공유하면서 극단적인 사고에 빠져든다. 이를 사회심리학은 집단극화group polarization라 부른다.[122]

이러한 신념의 극단화는 인터넷 덕분에 더욱 손쉬워졌다. 2015년 초 IS에 가담한 김군이 대표적이다. 자신의 생각과 견해에 맞는 정보를 선택적으로 취합한 끝에 왜곡된 견해는 궁극적으로 강한 감정적 반응을 일으키는 신념으로 발전한다. 고립된 골방에 앉아 인터넷에 떠도는 수많은 정보 중 자신의 입맛에 맞는 것만 취하고, 자신의 의견에 동조하는 사람들만 만나 서로의 견해와 신념을 강화한다. 사실 인터넷이 제공하는 정보의 홍수 속에서 음모론이 사라지는 대신 더욱 집요하게 나타나는 이유도 여기에 있다.[123] 우리를 더욱 편향되게 만드는 인터넷 기술을 제대로 이용한 집단이 바로 IS이다. 1단계 채팅룸에서 다소 과격한 의견을 개진하는 참여자들에게 개별적으로 패스워드를 주어 더욱 제한된 채팅룸으로 초대해 이들 사이의 밀도 있는 상호작

용을 유도한다. 단계별로 조직화된 메아리방staged echo chamber
이다. 자신의 의견이 다른 이를 통해 공명되는 채팅방에서
는 생각이 점점 더 한쪽으로 쏠린다. 연예기획사가 직접 팬
클럽을 조직하는 이유도 여기에 있다. 같이 할 때 '팬심'의
농도는 더욱 짙어진다. 같이 열광하면 같이 운다. 광신도 집
단이 이들과 다른 점은 사생활을 철저히 금지시킨다는 것
이다.[124]

   그렇다. 사생활을 포기하지 마라. 이데올로기 좀비에서
벗어나려면 연애를 하라. 당신을 좀비로 만들고 싶어 하는
광신도 조직이 두려워하는 것이 아마도 남녀 간의 사랑일
것이다. 이는 조직에 대한 헌신을 가로막는 가장 큰 해독제
이다. 한 아버지는 자식이 이성을 만나면서 특정 광신도 집
단에서 빠져나올 수 있었다며 그가 너무 고맙다고 말한다.
부모가 자식의 연애와 연애 대상에 고마움을 표시하기는
드문 일이다. 연애는 공부도 방해하지만 조직에 대한 무한
충성도 방해한다. 남녀 사이의 열정은 이 모든 인위적 조작
을 박살낸다.

   이데올로기가 모든 복잡한 현실에 답을 줄 것이라는 어
리석은 믿음과 관련한 공자의 촌철살인이 있다. "사람이 도
를 넓히지, 도가 사람을 넓히지 않는다(인능홍도 비도홍인人能
弘道 非道弘人)"는 가르침이다. 세상의 많은 문제에 즉각적이고

강한 의견을 가지고 있다면 자신이 이데올로기에 경도된 것은 아닌지 살펴볼 필요가 있다. 인仁을 실천하며 살라고 주장하는 공자는 『논어論語』 전체에서 '인은 무엇이다'라고 구체적으로 정의하지 않았다. 그러면서 동시에 자신은 아직 인을 제대로 실천하는 군자를 보지 못했다고 한탄하는 구절이 여러 번 나온다. 인은 모든 상황에 적용되는 경직된 행동 원칙이라기보다는 선함에 대한 분별력 있는 감수성 sensibility of goodness이다.[125] 상황에 따라 적절히 대처하는 것이다. 세상을 마음대로 단순화시키는 이데올로기는 이를 방해한다.

이데올로기 대신에 끊임없는 배움이 필요하다. 사실 동양의 위대한 고전인 『논어』는 "학이시습지學而時習之"로 시작한다. 고등학교 참고서에나 나올 법한 다소 따분한 가르침이 아닐 수 없다. 위대한 고전이 학교 선생님의 잔소리 같은 말로 시작하는 것이 이상하지 않은가? 너에게 인생의 진리, 세상의 진리를 보여주겠다며 목에 힘주어 말하는 대신 공부 열심히 하라고 하니 의아하다. 부처는 집착을 버리라고 말하고, 예수는 이웃을 사랑하라고 말한다. 그런데 왜 공부하라는 말이 무거운 망치질처럼 들리는가? 수십만을 죽음으로 내몰 수 있는 이데올로기를 박살내는 말이기 때문이다. 하나의 가치나 주의 주장으로 세상을 모두 재단해버리는 이야기는 우리를 흥분시키고 빠져들게 한다. 그러나 세상살이는 그렇게 단순하지 않다. 공자는 세상에 쉬운 정답은 없다는 사실을 우리에게 알리고 싶지 않았나 싶다. 구체적인 상황에서 줄기차게 고민하고 연구하는 자세만이 인을 실천하는 방법이 아닐까?

공자는 인생에 완성은 없고 배움만 있다고 생각하지 않았을까? 제자들에게 내린 자신의 인생에 대한 평가를 보면, 공자는 학學은 몰입이라는 사실을 간파하고 있다. 공부하고 가르치다가 자신이 늙는 줄을 몰랐다고 공자는 자신의 인생을 회상한다. 몰입은 시간의 흐름을 잊어버리게 한다. 인간적 오류와 실수에서 벗어나기 위해서 끊임없이 배우고 가르치다 시간의 흐름을 잊어버린 공자의 모습에서 이데올로기를 극복할 길을 찾을 수 있다.

공자는 무엇을 배우라고 이야기하지 않는다. 학學은 인생을 사는 방법이다. 민주주의는 무엇을 추구하는 사회가 아니다. 추구하는 방법이다. 민주적 방법만이 사회를 커다란 과오로부터 벗어나게 하듯 "학이시습지"만이 우리를 커다란 과오로부터 벗어나게 한다. 인민의 민주주의democracy by the people 없이 인민을 위한 민주주의democracy for the people를 실현하고자 한 레닌의 발상은 우리가 모두를 위해 일할 테니 너희들은 따라만 오라는 독선이었고, 결국 엉망진창이 되고 말았다. 이데올로기에 사로잡혀 자신이 진리와 정의를 독점했다고 믿는 순간 우리는 인민의 민주주의를 잃어버리고, 모든 선의는 타락한다. 추상적 구호를 반복하는 자는 배움을 추구하지 않는다. 확신에 찬 회의주의자만이 배움을 멈추지 않는다. 이들은 이데올로기에 대한 공격을 멈추지 않는다.

사적 공간을 허용하라

인생은 불공평하다. 불평등한 구조만큼이나 운이 큰 차이를 만든다. 100명의 학생이 동전을 던진다. 계속해서 앞면이 나오는 학생이 상금을 독차지하는 게임이다. 처음 동전을 던지면 대략 50명 정도가 남을 것이다. 이후 몇 번 더 던지면서 학생들은 점점 줄어든다. 그렇지만 100명 중 한두 명은 연속해서 대여섯 번 동안 계속 앞면이 나오는 행운을 누린다. 누군가 지독히 불운한 만큼 누군가는 커다란 행운을 누린다. 결과는 아주 불공평하다.[126]

그러나 과정은 결코 불공평하지 않다. 주사위나 동전 던지기로 희소 자원을 배분하는 규칙은 인간이 고안한 어떤 제도보다 공평하다. 고대 아테네의 도편제를 잠시 살펴보

자. 도자기 조각에 자신의 이름을 적어 항아리에 넣어두면 추첨자가 그중 하나를 꺼낸다. 선출이 아니라 추첨된 자가 아테네를 통치, 관리한다. 일반인과 통치자가 완전히 운으로 갈리는데 무엇이 공평하냐고 외칠 수도 있다. 추첨보다 시민들이 주체적으로 투표하는 선거가 공평하다고 주장할지도 모른다. 그럼 선거는 공평한가?[127] 선거에서는 과연 모든 시민이 당선될 공평한 확률을 누리는가? 대통령 혹은 재벌의 아들과 당신은 공평한 싸움을 하는가? 추첨이야말로 통치자가 될 확률을 모두에게 공평하게 부여한다. 모두가 가지는 확률은 N분의 1로 동일하다. 그렇다면 아테네가 어떻게 훌륭한 정치인을 가질 수 있었는가? 바로 임기가 끝난 이후 진행된 철저한 국정 감사 덕분이다. 비정한 감사에서 잘못이 드러난 자는 시민권이 박탈되고 광야로 추방당했다. 이 때문에 시민들은 이름을 적어 항아리에 넣기 전에 자신의 능력을 심사숙고하고 스스로 검열한다.

누군가 억누를 수 없는 슬픔으로 고통스럽게 울부짖는다. 몇 편의 베스트셀러 소설로 커다란 명성을 쌓은 작가는 젊은 시절의 어려움을 뒤로하는 듯했다. 남편과 사별 후 혼자서 키운 아들은 장성하여 한 가정의 가장으로 행복하게 살고 있다. 그런 어느 날 아들이 불치의 병으로 급사한다. 그녀는 아들의 죽음이 이해되지 않아 산골 기도원에 들어가 수녀를 만나 "왜 나한테?"라며 울부짖는다. 그런데 수녀는 위로 대신 이렇게 답한다. "왜 당신이 아니어야 하죠?"

월요일, 가게가 문을 열자마자 로또를 구매한 당신은 일주일을 꿈에 부풀어 지낸다. 그리고 정말로 당첨되었다. 그때 당신은 "왜 나한테?"라고 자문하지 않는다. 아들의 급사나 로또 당첨이나, 수많은 이들 중 누군가에게는 반드시 일어난다. 큰 수의 법칙law of large numbers이다. 아주 낮은 확률의 나쁜 일이든 좋은 일이든 마찬가지다. 로또를 사러 가다가 교통사고로 사망하는 자도 매년 있을 것이다. 이 역시 확실하다. 우리는 모두 어찌할 수 없는 불행 앞에 황망한 마음을 가눌 길이 없다. 하지만 백석의 시 〈남신의주 유동 박시봉방〉의 표현처럼 가라앉을 것들이 앙금이 되어 가라앉고 나면, 통계적 원칙이 또렷하다.

불만이 있다고 싸워야 한다는 생각은 위험하다. 우리 모두에게 세상은 불만투성이다. 왜 나는 지하철 안에서 열심히 기다렸는데 나보다 늦게 탄 자가 먼저 자리에 앉는가? 세상이 나에게 등을 돌린 것인가? 자, 한번 생각해보자. 네 개의 자리 앞에 서 있는 사람들이 앉을 기회를 기다리고 있다. 이 중 한 자리에 당신이 서 있다. 무작위로 자리가 빈다고 가정할 때 당신이 가장 먼저 앉을 확률은 4분의 1이다. 당신이 아닌 자가 먼저 앉을 확률은 4분의 3이다. 당신과 함께 서 있을 나머지 두 명 대신 먼저 앉는 한 명이 당신의 눈에 들어오고 당신은 세상을 원망한다. 균형 잡힌 사고가 힘든 우리에게 억울한 상황은 차고 넘친다. 그렇다고 운을 상대로 싸울 수도 없다. 그리고 하나의 행운과 불운이 인생을 결정하지도 않는다. 복잡하기에 인생은 새옹지마이다. 공짜로 얻은 말과 부러진 다리가 무슨 일을 초래할지 알 수 없다.[128] 우리가 반대해야 하는 것은 운이 아니다. 초반 운이 좋은 자가 우연히 주어진 우월한 지위를 인위적인 장벽을 세워 영속화하려는 조치에 반대해야 한다. 개혁적 마인드는 나쁜 운과 구조적 불평등을 구분할 수 있어야 한다.

무작위적인 운이 아니라 잘못된 관행이 눈에 보인다 해도 돈키호테처럼 바로 덤벼들지 마라. 불평하기 전에 먼저 불평할 권리를 얻어라. 군대에서 말하듯 '짬'이 되어야 한다. 짬은 심리학 용어로 '특이하게 행동할 권리idiosyncratic credit'로 부를 수 있다. 평소 희생과 양보로 신뢰를 쌓았기에 가끔 자신만의 주장이나 고집을 부리더라도 주위 사람들이 용인한다. 군대에서 신임 소위가 병장을 무시한다면 부하를 통솔하기 힘들 것이다. 신참자가 조직에 들어오자마자 개선을 위한 제안을 쏟아내면 아무리 맞는 이야기라도 호응을 얻기 어렵다. 불평할 권리를 얻으려면 시간이 필요하다.

또한 우리는 문제의 경중을 따질 줄 알아야 한다. 세상의 모든 자극에 분기탱천하는 이에게 사마천이 남긴 유명한 구절을 말해주고 싶다. "일생에 반드시 한 번의 죽음이 온다. 태산보다 무겁기도 하고 깃털보다 가볍기도 하다人固有一死 或重于泰山, 或輕于鴻毛." 분노한다고 가리지 않고 싸우다 보면 별로 중요하지 않은 일에 힘을 다 빼버린다. 격투기 선수는 눈앞으로 날아오는 주먹이나 발차기에 긴장하지 않는 훈련을 반복한다. 상대의 자극에 즉각적으로 반응하는 것은 수가 낮다. 기분 나쁜 일, 부당한 일을 모두 고치려 하지 마라. 신경 끄기의 기술에서 주장하듯이 진짜 가치 있다고 판단되는 일에 집중하라. 절제가 필요하다. 자신의 감정을 쏟아낼 수 있는 장이 늘어나면서 많은 이들이 누가 더 아픈지를 경쟁하고 있다. 행복을 경쟁하듯이 말이다. 모두의 아픔에 무방비로 노출된 이들은 슬픔에 지쳐버린다.[129] 눈앞의 부당함을 대부분 '정신승리'로 무시하고 묵묵히 자신의 일을 하나씩 하나씩 해나가라. 나쁜 사람과 다투기보다는 좋은 사람과 협력하여 서로의 발전을 도모하라. 이상한 자들이 정해놓은 싸움을 피하라.

SNS는 많은 이들에게 싸움을 벌일 능력을 제공하여 민주주의를 심화시킨다. 눈부시게 발전하는 소통 기술 덕분에 집단행동의 비용이 크게 줄어 소비자 개인이 거대 기업을 상대로 싸움을 시작할 수 있고, 다수가 쉽게 동참할 수 있다.[130] 그런데 이슈를 만들기 쉬운 만큼 너무나 많은 불만과 부당함이 쏟아져 나온다. 늑대가 너무 자주 나타난다. 처음 몇 번은 늑대가 나타났다는 경고에 긴장하고 반응한다. 하지만 경고음이 지나치게 많아지면서 설사 진짜 늑대가 나타나도 무신경해진다. 각자는 자신이 발견한 늑대가 더 위험하다고 외쳐댄다. 이제는 가짜 피라도 뿌려야 할 지경에 이른다.

'닥치고 투쟁' 대신 피신이 상책일 수도 있다. 신대륙에 정착한 순례자pilgrim의 역사는 피신이 얼마나 위력적인지를 증명한다. 남미의 원주민은 제국을 이루어 밀집해서 거주했다. 남미의 이러한 역사적 환경이 소수의 백인이 억압적으로 통치할 수 있던 기반이었다. 미국에 도착한 백인 이주민들은 북미의 인디언처럼 미국의 넓은 땅으로 흩어져버렸다. 이들을 위계적으로 조직해서 식민지 경영에 나서려 한 영국의 식민 지주회사는 백인 이주민의 협조를 얻기 위해 민주주의를 양보할 수밖에 없었다.[131] 이것이 바로 토크빌이 찬양해 마지않은 미국 민주주의의 기원이다. 술이 덜 깬 동독 공산당 간부의 실언에서 비롯된 동독 주민의 일시적 대탈출은 한순간에 베를린 장벽을 허물어버렸다. 소련 공산당 엘리트의 국가 탈출은 소련을 붕괴시켰다.

하버드대학교에서 교편을 잡기 전 나치 독일에 맞서 게

릴라전을 수행한 앨버트 허시먼^{Albert Hirschman}은 저항^{voice}만큼이나 탈출^{exit}을 강조한다.[132] 새로운 기회의 땅을 찾아 떠나버리는 거다. 많은 이가 탈출해버리면 악의 세력은 결과적으로 타격을 입게 된다. 잘못된 자동차를 만들었다고 소비자가 회사 앞에서 시위하지는 않는다. 다른 회사의 자동차를 구매하면 된다. 많은 소비자가 떠나면 회사는 망한다. 굳이 그들에게 좋은 자동차를 만들라는 푯말을 들고 매일 시위할 필요가 없다.

많은 이들이 피신을 선택한다. 막장 같은 삶을 버리고 새로운 희망을 찾아 북한 주민들은 탈북을 감행한다. 능력 있고 불만에 찬 직장인들은 새로운 직장으로 떠난다. 미국 시민들도 주저 없이 떠난다. 플로리다를 배경으로 한 영화에서 주로 등장하는 인물의 나이를 생각해보라. 중년 남녀와 중고등학생을 보기가 어렵다. 미국에서 초중등 공교육은 주와 지역정부의 몫이다. 질 높은 공교육을 위해서는 지방세를 많이 거두어야 한다. 자녀 교육에 신경 쓸 필요가 없는 은퇴한 노부부와 젊은이들은 교육 정책이 소홀한 지역이 오히려 낫다. 이들은 교육세를 낮추라고 시위하기보다는 플로리다로 떠나버린다.[133]

떠날 때가 아닌 싸울 때가 있지만 여전히 정치는 우리 삶의 일부일 뿐이다. 정치가 만병통치약은 아니다. 항상 정치에 관심을 두는 정치 활동가는 정치가 우리 삶의 질을 결정하는 핵심이라고 인식한다. 직업병이며 집중의 착각illusion of focusing이다. 국가직 공무원 시험에서 순위가 높은 합격자가 고향을 떠나 제주도를 근무지로 선택한 뒤 후회하는 오류와 비슷하다. 선택의 순간에는 제주도의 자연환경과 기후에만 집중하고 다른 요소를 고려하지 못한다. 공무원 시험에 합격하고 직장 생활을 시작하면서 적지 않은 이들이 고민에 빠진다. 이전에 미처 생각지 못한 어려움에 이직을 준비한다. 다른 직렬이 더 매력적으로 보인다. 자세히 보면 나쁘지 않은 것이 없고, 멀리서 보면 아름답지 않은 것이 없다. 정치를 업으로 삼든 잠시 발을 담그든, 정치 활동가는 정치가 아니라 친구 관계가 개인의 행복에 더욱 큰 비중을 차지한다는 점을 잊지 말아야 한다.

정치를 무조건 거부하는 허무주의만큼이나 우리 모두가 사회정의 실현에 앞장서는 소명의식으로 뭉쳐야 한다는 주장도 위험하다. 소명의식을 가지고 지속적으로 헌신만 하는 삶은 어렵고 재미없다. 식물에겐 최소 양분의 법칙이 있다. 나머지 영양소와 상관없이 최소로 공급되는 필수 영양소의 양이 식물의 성장을 결정한다는 법칙이다. 우리네 삶도 감각적 즐거움과 고차원적 행복감을 골고루 누려야 윤택해진다. 인간과 자신에 대한 과도한 기대와 희망은 자기

기만이다.

모든 사람이 항상 공적인 문제에 진지한 노력과 관심을 기울이도록 만든 사회가 있었다. 그 사회는 보기 좋게 망했다. 바로 사회주의 국가이다. 전성기 사회주의 제도는 사적 공간을 철저히 파괴했다. 아침 먹고 집회하고, 점심 먹고 집회하고, 퇴근하고 집회하면서 사적 생활을 물리적으로 불가능하게 했다. 심지어 마오쩌둥은 인민공사운동을 벌이면서 성인 남녀를 분리시켜 가족 생활을 없애버렸다. 공동체에 대한 희생을 줄기차게 이야기하는 사회주의가 끝나고 극단적 물질만능주의와 냉소가 사회를 압도했다.

항상 소명의식을 가진 자보다는 다른 직업을 가지고 부업으로 광장정치를 하는 자가 나을지 모른다. 그래야 인간적인 가치를 훼손하는 광신도 정치의 함정을 피할 수 있다. 너무 절박하면 무리한다. 복잡한 인간사, 모순적인 인간 본성을 염두에 둘 때 잠시 안전하게 쉴 수 있는 사적 공간을 가꾸고 남겨 두어야 한다. 공적 희생과 봉사만으로는 인생의 행복을 구할 수 없다. 우리 모두에게 불편한 삶이다. 레닌이 이상화시킨 직업적 혁명가는 인간의 본성에 무리이다. 만약 조직이 연애를 금지한다면 바로 도망쳐 나오라.

3 —————————————————————

당신은 대단하지 않다

정치는 길거리 싸움이다. 길거리라는 공개적인 장소에서 싸움이 벌어지면 사람들이 웅성웅성 모여든다. 시대와 장소를 떠나 사람들이 좋아하는 구경이 두 가지 있다. 불구경과 싸움 구경이다. 불이 나면 건물 밖의 사람들은 피하기보다는 불이 난 쪽으로 마구 모여든다. 마찬가지로 어디서고성이라도 들리면 바쁜 걸음도 멈추고 소리 나는 쪽으로모여든다. 싸움 구경을 좋아하는 우리의 본성은 아침 드라마에 빠져 있는 부모님에게서 확인할 수 있다. 소위 막장 드라마의 핵심은 좀처럼 일어날 것 같지 않은 기괴한 싸움이다. 극단적으로 설정된 가상의 갈등마저 우리의 주의와 집중을 앗아가는 듯하다. 타고난 '오지라퍼'인 인류가 생존하는 이상 소설과 드라마의 인기는 시들지 않을 것이다. 이 본성이 정치를 야기하는 근본 힘이다.

나쁜 학생이 복도가 아니라 화장실에서 약한 학생을 괴롭히고 있다. 강자는 갈등을 숨기고 싶고 약자는 공개하기를 원한다. 싸움을 좋아하는 우리는 단순히 수동적인 관망자에 머무르지 않고 다양한 방식으로 싸움에 개입한다. 누가 맞다 틀렸다고 편을 든다. 우리의 오지랖이 발휘되는 순간이다. 이러한 구경꾼의 개입으로 세는 시시각각 변한다.[134) 따라서 현재 싸움의 승자는 구경꾼이 없는 숨은 장소를 좋아한다. 화장실은 선생님의 감시를 벗어날 뿐 아니라 친구들의 잠재적 개입을 차단할 수 있다. 복도 혹은 화장실처럼 회의실 문을 닫을지 공개할지는 매우 심각한 정치적 결정이다. 소련 붕괴의 결정적 신호탄이 바로 공산당 간부 회의 등을 공개하기로 한 글라스노스트(개방)였다. 공개된 회의석상에서 간부 사이의 이견과 갈등이 소련 시민의 눈에 그대로 노출되었다. 고르바초프 공산당 총서기장에 거침없이 맞서는 보리스 옐친Boris Yel'tsin(러시아의 1대, 2대 대통령)의 모습이 전파를 타면서 그의 대중적 인기가 치솟았다.

지금 벌어지는 싸움 구경에 우리가 얼마나 정신을 파는지 고작 며칠 전의 사회적 이슈가 바로 묻힐 정도이다. 2013년 5월 남양유업 사건으로 온 세상이 시끄러웠다. 그러나 청와대에서 예기치 않은 사건이 발생하자 온 국민이 공분에 떨었던 남양 본사의 갑질은 한순간 모두의 관심에서 멀어져버렸다. 우리의 의식은 한 번에 하나밖에 집중하지 못한다. 심지어 무언가에 집중하는 동안에는 관심 밖의 시각정보를 보지 못하는 맹시가 될 정도이다. 유명한 '고릴라 실험'이 있다. 같은 색깔 옷을 입은 출연자들끼리 공을 주고받는 횟수를 세는 과제가 피실험자들에게 주어진다. 과제에 집중한 나머지 다수의 피실험자는 누군가 실험 중간에 고릴라 복장을 입고 등장해도 이를 알아채지 못한다.[135] 심지어 그는 잠시 가슴팍을 고릴라처럼 두들기다 사라진다. 우리의 인지적 약점에 더불어 사건을 증폭시킬 능력이 있는 언론까지 가세하면서 모두가 하나의 문제만 이야기하는데 어찌 다른 문제에 관심을 줄 수 있겠는가?

정치의 본질이 싸움이기에 교통사고는 아직 정치적 이슈가 되지 못한다. 교통사고는 그 어떤 사회적 문제보다 우리의 안녕과 행복을 위협한다. 추락하는 자가 매달릴 수 있는 그물망인 사회보장제도가 충분치 않은 우리 사회에서 가족 구성원의 교통사고는 커다란 경제적 곤란을 야기할 수 있다. 심각한 사회적 문제임에도 왜 우리는 교통사고를 가지고는 시위를 하지 못하는 걸까? 누구를 상대로 무엇을 가지고 싸워야 하는지가 불분명하기 때문이다. 싸움이 없으면 정치는 없다.

정치라는 싸움에서는 많은 사람이 똘똘 뭉친 집단이 이긴다. 이기기 위해 집단 구성원 다수의 선택에 나의 선택을 맞추어야 하는 조정의 이해가 생긴다. 최선이 아니면 포기하는 것이 아니라 차선을 선택하는 것이 정치적으로 현명하다. 싸움이 깊어지면 자신이 개인적으로 무엇을 믿고 누구를 좋아하는가는 의미를 잃어간다. 더 나쁜 상대를 이겨야 하는 정치에서는 승산이 먼저다. 승산은 얼마나 많은 이들이 튼튼하게 하나로 단결하는가에 달려 있기에 이기고자 하는 개인은 철저하게 양심적일 수 없다. 승리를 위해서는 구정물에 발을 담글 수 있어야 한다.

똘똘 뭉쳐야 하는 정치의 속성은 좋은 삶과 배치되는 경우가 자주 있다. 혼자만의 도덕과 원칙에 따라 행동할 수 없는 세계이다. 무엇보다 싸움에서 이기기 위해 우리는 편협할 수밖에 없다. 공자는 군자는 화이부동和而不同하고 소인은 동이불화同而不和한다고 구분한다. 참으로 맞는 말이다. 군자는 화목하게 지내지만 편협한 이해관계에 얽매여 편을 지어 다른 쪽과 싸우지 않는다. 그렇지만 이런 군자의 삶이 정치에 유리하지는 않다. 정치는 편을 만들어 세를 구축하는 편협한 노름이다. 보편적 가치를 추구하는 점잖은 자들과 편협한 이해로 뭉친 자들이 한판 싸움을 벌이면 누가 죽어라 싸우겠는가? 정치에서는 싸움의 논리 탓에 악화가 양화를 구축하는 경향이 강하다. 착함과 강함보다 악함과 강함이 함께하는 경우를 자주 발견한다. 두루두루 화목한 태도와 강력한 투쟁 의지가 병행하기는 어려워 보인다.

정치에서는 술 마시는 자가 책 읽는 자를 이긴다. 함께 술을 마시면서 편협한 이해를 도모하겠다는 의지를 다진 자들이 책을 읽으면서 균형 잡힌 시각으로 세상을 비판하는 이들을 이긴다. 자주 만나 서로의 의지를 확인했기에 서로에 대한 믿음을 갖고 전투의 순간을 함께한다. 권력투쟁에서 누가 승리할지를 알고 싶다면 어느 쪽 구성원이 다음 날까지 숙취로 자주 고생하는지를 보면 대강은 알 수 있다. 술 마시지 않고 독야청청한 이들은 패배하더라도 너무 슬퍼하지 마라. 그래도 많은 시간 동안 제정신을 가지고 살았다는 것에 감사하라.

승리가 부귀영화로, 패배가 가족의 생활고로 이어지는 권력투쟁은 진흙탕이 되기 십상이다. 우리 편이 아무리 점잖게 정치를 하려 해도 상대가 비열하게 나오면 점잖을 수가 없다. 심지어 상대가 점잖을지라도 진흙탕 싸움을 피할 수 없다. 죄수의 딜레마이다. 내가 선하고 당신이 선하다 할지라도 생사 혹은 고위직을 놓고 벌이는 싸움에서 한 번의 방심과 여유는 회복할 수 없는 치명상을 입힐 수 있다. 나의 선함을 당신이 알고 있음을 내가 확신하지 못하면, 나는 선한 당신이 나를 배신할 것이라 걱정하고 나도 배신한다. 나의 선함을 선한 당신이 알고 있음을 내가 알아야 하고, 이를 당신이 알아야 하고, 이를 내가 알아야 하는 식의 무한 반복적인 인식이 필요하다. 권력과 밥그릇이 걸려 있는 상황에서 이러한 인식을 공유하기는 어렵다. 결국 반칙의 유혹에 넘어가 의심은 무럭무럭 자라고, 점잖은 선택을 고집하기 어렵다.

정치가 개인의 양심이 아니라 결과에 책임을 지는 행위라는 베버의 언명은 틀리지 않았다. 쉽게들 결과에 책임을 진다는 말을 하지만, 이는 무서운 말이다. 목적을 위해 수단이 정당화될 수 있다는 말이기 때문이다. 정치의 링에 올라온 이상 대놓고 기회주의적으로 행동하지 않더라도 순결한 양심에 조금의 때도 묻히지 않고 엄격한 도덕을 지킬 생각은 말아야 한다. 생각이 다른 수많은 이들과 단결해야 하기에 항상 당신의 사적 윤리를 지키기가 어렵다. 그렇기에 마키아벨리가 『군주론』에서 모든 덕을 지키기란 가능하지도 않고 바람직하지도 않다고 말하지 않았는가! 승리하는 정치인의 길과 윤리적으로 훌륭한 개인이 되는 길이 조화를 이루기는 쉽지 않다.

이러한 정치의 어려움에도 공자는 정치를 포기하지 않

았다. 노자 측 사람들이 공자를 되지 않은 일을 꿈꾸고 시도하는 자로 폄훼하면서 공자의 제자들에게 속세를 떠나 산에서 함께 유유자적하자고 제안한다. 이를 전해 들은 공자는 제자들에게 사람이 사람과 어울려 살아야지 어찌 새와 들짐승과 살 수 있겠는가라고 호소한다. 여기서 우리는 개혁가 공자의 굳은 의지를 느낄 수 있다. 힘들지 않다고 강변하지 않고 힘들지만 계속 노력하자는 공자의 인간적인 모습이 느껴진다.

동시에 세상의 조롱 속에서 가끔은 숨기지 못하는 공자의 좌절에서 개혁적 정치가의 심적 고통을 느낄 수 있다. 정치는 승자독식이다. 1등만 기억하는 세상이다. 그래서 위험하다. 대부분 실패하고 소수의 몇몇이 모든 것을 누린다. 슈퍼스타가 출현하는 세계이다.[136] 더욱이 대중의 인기에 승패가 결정되는 정치는 위험하다. 수많은 대중의 인기를 얻은 슈퍼스타가 거의 모든 것을 독점한다는 점에서 정치계는 연예계를 닮았다. 유재석, 김구라 등 소수의 일급 연예인들이 거의 모든 방송 프로그램을 석권한다. 왕년의 스타가 설 자리가 없어 생활고에 시달린다는 이야기가 자주 들린다. 2급 연예인에게 주어지는 보상은 슈퍼스타와 비교할 때 보잘것없다. 나머지는 살아가기가 매우 팍팍하다. 모두의 벌이가 균등한 교사들의 세계와 큰 차이를 보인다. 1급

연예인과 2급 연예인의 방송 실력 차는 거의 없다. 그런데 인기는 하늘과 땅 차이다. 한 표만 많아도 모든 것을 다 가지는 단순다수제의 규칙이 자주 적용되는 정치에서도 사소한 실력(그것이 무엇인지도 애매모호하지만)의 차이로 승리와 패배라는 엄청난 불평등이 생긴다. 실력의 차이가 사소하기에 운이 더욱 중요해진다.[137]

승자독식의 세계로 나아가기 전 안정적 직업을 먼저 확보하는 편이 낫다. 예를 들어 연구 업적이 매우 중요한 미국의 대학에서, 교수들은 정년을 보장받고 나서야 대학교 1학년 전공 기초 교과서를 집필하기 시작한다. 전공 기초 교과서는 수요가 큰 만큼 경쟁이 치열하고, 정년심사 때 연구 업적으로 인정받지 못한다. 모험을 감수할 여유가 있는 정년 보장 교수가 쓰기에 알맞다. 한국 정치에서 법조인이 많은 이유도 이와 유사하다. 훌륭한 자격증을 소지한 법조계 출신 정치인의 밥줄은 두 개이다. 선거에서도 떨어지고 임명직을 잃어도 품위 있는 삶을 영위하는 데 문제가 없다.

몇 끼만 굶어도 힘들어지는 허약한 인간이기에 우리는 감당할 수 없는 패배와 피해는 무조건 피해야 한다. 자동차보험과 생명보험에 가입하는 이유이다. 전체 보험료가 합리적으로 예상되는 보상보다 많아 계산상 손해를 보더라도 말이다. 물론 감당할 수 있는 사소한 피해에 대해서는 보험을 들지 말아야 한다. 용돈으로 위험한 투자를 할지라도 절대로 등록금으로 하면 안 된다. 아무리 기댓값이 높더라도 말이다.

승자독식만큼이나 공인으로 산다는 것 역시 위험천만하다. 모두가 주목하는 삶은 피곤하고 위험하다. 우리 모두 인생이라는 무대에서 배우처럼 살아가지만, 정치인에게는 관객의 수가 너무나 많다. 숨을 곳이 없는 여론이 총칼보다 무섭다. 다수의 호의적 판단의 산물인 명예를 먹고사는 삶은 참으로 피곤하고 위험하다. 다수의 판단은 극심하게 요동친다. 좋을 때는 한 없이 좋다가도 삽시간에 포악한 이빨을 드러내는 요물이 바로 여론이다. 호의가 호의를, 악의가 악의를 불러오는 여론의 상호의존성 때문에 강력한 한 방이 이쪽저쪽에서 날아온다. 한 번의 실수가 슈퍼스타를 무너뜨린다. 높은 데서 떨어지는 충격은 인간적으로 감당하기 어렵다. 이렇듯 숭고한 가치를 가지고 세상을 바꾸겠다는 순수하고 용기 있는 정치인의 삶이 매우 위험할 수 있음을 깨달아야 한다.

성공을 해도 문제는 여전하다. 주어지는 영광이 너무나 크다. 영광의 무게를 감당하기 어렵다. 광장정치를 주도하려는 자에게 바치고 싶은 『정글북』의 저자 러디어드 키플링Rudyard Kipling의 시 「만약if」의 한 구절을 보자.

군중과 이야기하면서 선함을 지킬 수 있고

왕과 함께 거닐면서도 서민적 풍모를 잃지 않을 수 있다면

물론 이 정도 인물은 드물다. 인간의 일곱 죄악 중 하나인 교만은 당신을 잡아먹을 준비가 항상 되어 있다. 로마 군대가 개선장군 옆에서 당신은 대단하지 않다는 문장을 반복해서 말하는 임무를 맡은 병졸을 둔 이유이다. 정치에서 성공을 거두었다면 스스로 인간적인 성숙을 도모하는 대신 당신에게 따끔한 소리를 할 수 있는 '절친'을 자주 만나라.

4

사고의 구획화를 거부하라

술꾼들이 자주 하는 말이 있다. "술자리에서의 일은 술자리에 남겨둬라." 평소 가진 불만이나 불편한 마음을 편하게 이야기하려는 의도로 이해한다. 하지만 이는 실수를 하게 한다. 술자리라고 경계가 지워지니 평소 지키던 윤리적 잣대를 쉽게 내팽개친다.

독일의 순진한 시민들이 나치의 지시 아래 잔인무도한 반인도적 범죄를 서슴지 않고 저지를 수 있던 마음가짐이다. 인자한 아버지, 자상한 남편이 다른 이의 아버지와 어머니, 아들, 딸을 가스실로 아무런 가책 없이 밀어넣는다. 이들 중 몇몇은 이데올로기의 노예가 된 광신도이겠지만 절대다수는 월급날 맛있는 고기를 사가고 싶은 남편과 아내이다. '악의 평범성the banality of evil'이라는 문구로 유명한 한나 아렌트Hannah Arendt는 악명 높은 나치 전범 아돌프 아이히만Adolf Eichmann에게 열심히 생각하지 않은 잘못이라는 유명한 죄목을 평결한다. 당시 많은 유대인은 아렌트의 주장을 혐오했다. 어찌 나치 전범이 그들처럼 평범한 인물이란 말인가? 그렇지만 현대 심리학의 실험은 아렌트의 손을 들어준다. 정말이지 열심히 생각하지 않으면 인위적으로 설정된 경계 안에서 우리는 끔찍한 반인륜적 범죄를 저지를 수 있다. 이라크의 아부그라이브 교도소에서 미군 병사가 이라크 수감자를 성적·신체적으로 학대한 사건을 연구한 스탠포드대학교 교수 필립 짐바르도Philip Zimbardo가 도달한 결론이다. 몇몇 질 나쁜 인간의 일탈 행위가 아니라 잘못 조성된 상황에서, 여기는 특별한 곳이라 여긴 병사들이 평소와 너무나 다른 비열한 범죄를 저지른 것이다.[138]

같은 맥락에서 네바다주는 라스베이거스에 한 일은 라스베이거스에 남겨두라고 광고한다. 한푼 두푼에 덜덜 떠는 일상의 경계에서 벗어나라고 유혹한다. 경계를 넘어가는 순간 우리는 열심히 생각하지 않는다.[139]

우리는 "술자리니까"라는 함정을 곳곳에 판다. 정치를 하니까, 이겨야 하니까, 권력을 잡아서 좋은 일을 해야 하니까 등 갖가지 이유로 정치 영역을 나머지 삶과 분리시킨다.

사고의 구획화compartmentalization이다. 우리의 자의적 기준에 따라 아파트 방처럼 마음이 부분 부분으로 단단히 분리되는 현상은 소비 행태에서 쉽게 확인할 수 있다. 비합리적으로 작동하는 마음의 회계장부mental accounting이다. 만년필을 갖고 싶지만 평소 자신이 책정한 문방사우의 예산을 벗어난다. 이번 달 술값을 조금 줄이면 전체 예산에 부담이 되지 않게 구입할 수 있다. 하지만 마음속 분리된 방에 책정된 술값 예산은 좀처럼 다른 예산으로 전용되지 못한다. 돈과 관련한 비합리적 결정은 그나마 해악이 덜하다. 사실 나쁘지도 않다. 각각에 이름을 붙임으로써 전체 소비를 제어하는 긍정적 효과가 있기 때문이다.[140)]

마음의 회계장부를 증명하는 하우스머니house money 효과가 재미있다. 도박장에서 딴 돈은 도박장에 남는다. 왠지 공돈이라는 느낌에 계속 돈을 걸고 결국 그만큼 잃고 나온다. 내가 힘들게 번 돈과 도박해서 얻은 돈을 다르게 취급하는 것이다. 우리는 죽을 고비를 넘기고 나서 사람이 변했다는 이야기를 많이 듣는다. 대부분 여유가 생겼다는 평가이다. 하우스머니 효과가 아닐까? 죽음의 문턱까지 갔다가 돌아온 이후의 삶은 길에서 주운 공짜 돈처럼, 누군가에 의해 주어진 여분으로 간주한다. 여분이라 생각하면 더 너그러워질 수 있다.

돈이 아니라 자신의 행위를 각각 분리된 방에 배치할 경우 우리는 심각한 자가당착에 빠질 수 있다. 나치 대학살에 동참한 순진한 독일 시민의 마음이다. 구획화를 통해 방마다 다른 원칙을 도입한다면, 우리는 자신의 윤리적 신념과 반인륜적 행동 사이의 커다란 모순에서 오는 극심한 스트레스를 피할 수 있다. 고문 기술자가 아들 전화에 너무나 정감 어린 목소리로 답하는 광경을 지켜보면서 엄청난 혼돈과 절망을 느꼈다는 고문 피해자의 소회가 이상하지 않다. 평범한 일상에서도 구획화로 인한 모순을 쉽게 발견할 수 있다. 명절 차례상을 준비하는 며느리를 심하게 구박하는 시어머니는 몇 달 전 시집간 딸아이를 생각하며 몰래 눈물을 훔친다. 이 여인의 마음속에는 시어머니 방과 친정어머니 방이 높은 벽을 사이에 두고 공존하고 있다.

마음의 방을 여기저기 만들면 우리는 일관성을 상실하고, 동시에 이런 자신의 모습을 알아채지 못한다. 세상의 복잡성을 완전히 무시하고 모든 문제에 즉각적인 답을 제시하는 이데올로기를 조심해야 하듯 너무나 쉽게 악을 저지를 수 있도록 조장하는 우리 내부의 모순도 조심해야 한다. 합리성이라는 단어야 워낙 많은 논쟁을 불러일으키지만 한 가지는 분명한 듯하다. 합리성은 일관성을 전제한다. A>B, B>C 이면 A>C 이다. C>A이면 일관성이 사라진다. 방을 허물어 자신이 며느리에게 혹독하게 시집살이를 시키면서 딸아이의 시집살이는 부당하게 느끼는 비일관성과 비합리성을 파괴해야 한다.

그런데 문화적 상대주의자들은 비일관적 판단을 옹호한다. 나라마다 사정이 있으니 우리의 잣대로 판단하지 말고 다른 나라의 인권 침해에 간섭하면 안 된다고 주장한다. 왜 상대성은 국가 단위로만 적용되어야 하는지 궁금하다. 가족 문화도 있지 않은가? 갑질하는 못된 이에게도 가족 단위의 상대주의를 적용하고 마음 편하게 용인하고 살면 어떨까? 당연히 가능하지 않다. 모든 것을 한 판에 재단하는 이데올로기와 말문을 막히게 하는 상대주의적 관용이 한 사람의 머릿속에 공존하는 모습을 심심치 않게 확인할 수 있다. 도덕과 원칙의 문화적·국가적 상대주의를 재치 있게 설파하는 이의 차를 누군가 열쇠로 긋는다면 그는 어떤 반응을 보일까?

구획화로 인해 일관성을 잃어버리면 우리는 쉽게 악의 구렁텅이로 빠질 수 있다. 연극 무대의 배우처럼 우리는 인생이라는 무대에서 여러 역할을 수행한다. 마음의 방이 생기는 것은 어쩔 수 없겠지만, 여기에 너무 익숙해지면 자애로운 아버지가 조금의 거리낌도 없이 끔찍한 고문을 저지르는 악마로 돌변한다. 나치 전범에 대한 한나 아렌트의 평결인 '열심히 생각하지 않은 죄'를 범하지 않기 위해 우리는 생각의 게으름을 조장하는 구획화를 거부해야 한다. 그래야 '이겨야 하니까'라는 생각이 만드는 경계의 함정을 피할 수 있다.

5 ─────────────────────────────────

항상 의심하고 감시하라

국가는 공공재를 공급하기 위해 만들어진 조직이 아니다. 국가의 본질은 폭력이다. 베버의 유명한 정의가 있다. 국가는 주어진 영토 내에서 합법적으로 폭력을 독점한 조직이다. 다른 모든 능력, 지력, 체력, 매력만큼이나 폭력도 불평등하게 배분되어 있다. 평화와 법치의 시대를 사는 우리는 폭력을 능력의 하나로 보지 않는 경향이 있다. 사적으로 폭력을 행사하면 처벌의 대상이 되기 때문이다. 그런데 폭력이 공공연히 자행되던 시절에는 폭력은 매력이나 지력을 능가하는 능력이었다.[141] 폭력에 타고난 재능을 지닌 소수의 집단이 한 명의 우두머리를 중심으로 뭉쳐 일정한 범위의 영토를 지배하면서 국가는 탄생한다.

폭력의 독점은 지난한 과정을 거친다. 무주공산의 넓은 지역 곳곳에 폭력집단이 우후죽순처럼 생겨나 연합, 분열, 갈등, 휴전을 반복한다. 한쪽이 패배하거나 굴복하기도 하고, 승부를 가릴 수 없어 영토를 나누어 가지기도 한다. 물과 기름이 분리되듯 영토적 경계로 분리된 지역에는 폭력집단이 하나만 존재한다.

이제 우리의 건국 신화를 새롭게 각색할 수 있다. 단군 할아버지는 싸움에 능했다. 당연히 인품도 훌륭했다. 아무리 힘이 세고 싸움을 잘한다 하더라도 홍길동의 분신술을 구사하지 않는 이상 자신의 팔다리로 제압할 수 있는 사람의 수는 몇 명 되지 않는다. 자신을 충심으로 따르는 무리가 많아야 상대방을 제압하고 북부 한반도라는, 당시로써 상당한 영토에서 폭력을 독점할 수 있다. 단군은 많은 이들이 믿고 따를 만큼 덕이 있는 장수였다. 용맹성과 인품 덕에 추종자가 많아지고, 이는 더 많은 추종자를 불러와 세가 나날이 커졌다. 하지만 일부는 단군 주위로 모이지 않고 독립적인 세를 만들어 군사를 일으켜 반대했다. 이 둘 사이에 주요한 결투 혹은 전쟁이 있었고, 승기가 단군에게로 기울면서 모든 재능 있는 자들이 그의 주위로 모여들었다. 요약하면 폭력에 재능이 있으면서 높은 덕을 지닌 단군으로 한민족이 조정을 달성하면서 고조선이 탄생했다.[142]

이제 폭력을 독점한 조직은 자신이 지배하는 경계에 거주하는 사람들로부터 보호세를 거둔다. 혹은 영토에 존재하는 귀중한 천연자원을 독점 판매하여 수익을 확보한다. 국가 재정의 원천이 주민의 조세냐 천연자원이냐에 따라 국가의 형태는 많이 달라진다. 주민의 조세에 의지할 경우 지배 폭력집단은 주민들의 눈치를 보면서 다양한 정치적 양보를 한다. 반대로 천연자원 판매로 국가 재정을 충당할 경우 강력한 독재가 성립한다. 천연자원을 국제 시장에 높은 가격으로 내다 팔 수 있으면 지배자는 주민의 동의나 협력을 구할 필요 없이 바로 땅속에서 원하는 것을 얻을 수 있기 때문이다.[143] 따라서 민주주의가 확립되기 전, 시장가치가 큰 천연자원의 발견은 국민에게 축복이 아니라 재앙이다. 리어나도 디캐프리오 주연의 영화 〈블러드 다이아몬드〉에서 아프리카 마을의 한 촌로가 "신이여 감사합니다. 이 땅에는 아무것도 나오지 않아서"라고 중얼거리는 모습이 애잔하다. 영화의 모티브인 아름다운 핑크 다이아몬드는 시에라리온의 피비린내 나는 내전의 돈줄이었다.

역설적이게도 지배를 위한 폭력의 독점이 주민들에게 크게 불리하지는 않다. 햇님의 결혼식이라는 이솝우화가 이를 잘 보여준다.

어느 여름날 해가 결혼식을 올리게 되었다. 동물들은 기뻐했고 개구리도 좋아했다. 개구리 가운데 한 마리가 말했다. "어리석기는. 너희는 뭐가 그리 좋다는 거냐. 해는 혼자서도 너끈히 늪지를 말리는데 결혼해서 자기를 닮은 자식까지 두게 되면 우리의 고통은 더 심해지지 않겠어?"

하늘에 태양은 하나만 있는 게 모두를 위해 좋다. 폭력은 독점되어야 한다. 폭력이 독점되지 않을 경우 피해는 고스란히 지역에 거주하는 주민들이 받는다. 하나의 영토에서 폭력이 독점되지 않으면 극단적으로 내전이 발생한다. 상상해보라. 도시에 독립적인 경찰 조직이 둘 이상 존재한다. 이들은 협력할 수도 있지만 가끔 피비린내 나는 결투를 벌인다. 하늘에 태양이 둘이면 땅이 말라버리는 원리이다.[144] 이를 증명하듯 시리아, 이라크, IS가 각축전을 벌이고 있는 중동의 한 귀퉁이는 지금 아비규환이다.

무주공산의 땅에 인도주의적 비극이 발생하는 과정을 더 자세히 살펴보자. 지역 내에 한 명의 강력한 도둑 대신 다수의 도둑이 할거하면서 주민을 괴롭히고 있다. 한 명과 다수는 엄청난 차이를 가져온다. 강력한 한 명의 도둑에게 주민의 재산은 잠재적으로 자신의 것이다. 따라서 오늘 당장 주민의 재산을 몽땅 훔칠 필요도 없다. 그렇게 하면 오히려 자신에게 손해이다. 적당히 훔쳐 주민들이 재산 증식의 욕구를 갖고 경제 활동을 유지하도록 해야 다음에도 자신이 훔칠 것이 있다. 그런데 다수의 도둑이 활개를 치는 경우 주민의 삶은 고통으로 곤두박질친다. 도둑들은 오늘 몰래 들어간 집의 모든 재산을 가져와야 한다. 어차피 다른 도둑 때문에 다음에 찾아오면 훔칠 재산이 남아 있지 않기 때문이다. 이는 배고픈 대학생들이 횟집에서 큰 접시에 담겨온 회를 먹는 꼴이다. 다른 친구들보다 먼저 열심히 많이 먹어야 하기에 회는 금방 바닥이 난다. 다수가 달려들면 주민과 회라는 공유지는 황폐화된다.[145)]

우리는 폭력의 독점을 거부할 수 없다. 그렇다고 순진하게 국가는 국가 이익을 추구한다고 믿어서도 안 된다. 도대체 미리 정해진 국가 이익은 무엇인가? 오로지 폭력을 독점한 국가를 순치해야 한다. 그 힘은 오직 국민으로부터 나온다. 어떤 외부세력도 국가의 폭력을 법으로 제어하지 않는다. 법치에 대한 국민의 열망과 처벌 능력만이 국가를 통제할 수 있다. 국가를 직접 관리하는 엘리트의 선의가 아니라 민주적 의지를 지닌 시민의 집단적 힘만이 믿을 만한 해결책이다.[146)]

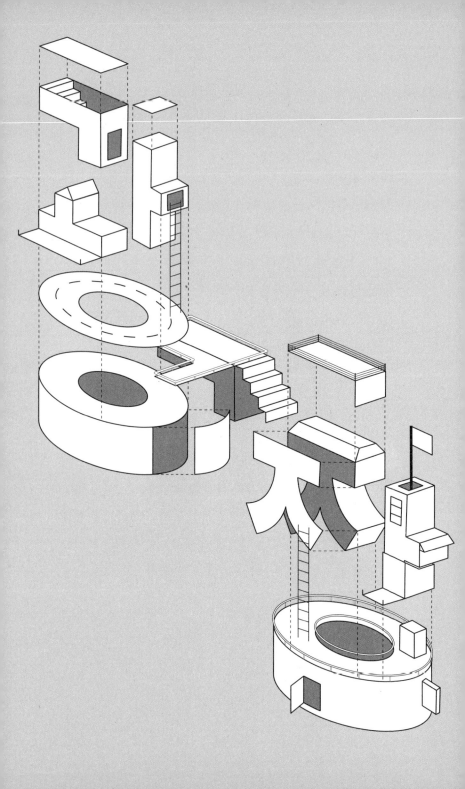

V

광장의
경고

지배의 무기는 총이 아니라 여론

파리의 상이군인을 위한 박물관을 돌아보면 나폴레옹의 경호원 초상화를 몇 장 볼 수 있다. 군사 분야를 넘어 프랑스 제국의 주요 통치 제도를 직접 설계할 만큼 치밀했던 나폴레옹은 경호원을 선발할 때도 세심한 주의를 기울인 듯하다. 초상화를 보면 황제의 경호원이 모슬렘이라는 사실을 알 수 있다. 오스만제국의 술탄 직할 부대인 예니체리 출신이 아닐까 짐작해본다. 이방인 고아로 이루어진 부대인 예니체리는 술탄에 대한 높은 충성심으로 이름이 높았다. 나폴레옹은 평생을 통해 훈련된 예니체리의 본능적인 충성심을 믿은 듯하다.

천하를 호령하는 황제지만 경호원을 뽑기가 만만치 않

다. 독재정치에서는 믿을 만한 제3의 심판자가 없다. 모두가 모두를 조심하고 의심한다. 그리고 비밀스럽다.[147] 독재자 혹은 그의 수하에게 속았다고 해도 하소연할 곳이 마땅치 않다. 엘리트가 독재자의 의도를 걱정스러워하는 만큼이나 독재자 역시 곁에 있는 이들의 속마음이 궁금하기 짝이 없다. 독재자의 딜레마이다.[148] 애지중지하며 아이 하나를 키우는 데 들어가는 경제적 비용은 실로 막대하다. 그렇게 소중한 자식이 몇 천 원, 몇 백 원밖에 하지 않는 총알 한 방에 목숨을 잃는다. 인생이 그렇다. 막강한 절대 권력을 가진 독재자도 예외가 아니다.[149] 경호원의 총알 한 방이면 모든 것이 끝난다. 한순간도 의심을 거둘 수 없는 독재자의 삶은 종종 심혈관 계통의 무리로 이어진다.

그럼 독재자는 어떻게 무장한 경호원을 옆에 두고 마음 편히 잠을 잘 수 있는가? 어쩌면 무협지에 나오듯이, 자면서 한쪽 눈을 뜨고 있는 능력이라도 연마해야 하지 않을까? 그런데 세상 독재자를 보면 대체로 뛰어난 운동 능력과는 멀어 보인다. 누군가 나의 목숨을 노릴지 모른다는 걱정으로 인한 폭식과 불면증 때문인지, 몸동작이 날렵해 보이지 않는다. 조금만 걸으면 힘들어하는 숨소리마저 크게 들린다. 홍길동처럼 분신술을 시전하지 못하는 그는 우리와 별반 다르지 않은 신체적 능력을 지닌 평범한 사람이다. 놀랍게도 그런 인물 앞에 모든 사람이 벌벌 몸을 움츠린다. 인간이 만들어 놓은 질서가 신기하지 않은가?

이 수수께끼의 답은 권력의 원천에 있다. 권력의 원천은 총구가 아니다. 총을 가진 다수가 믿고 있는 여론이다.[150) 독재자를 경멸히는 경호원이 있다. 그는 다수의 경호원이 독재자에게 충성한다고 믿기에 다른 경호원들이 무서워 스스로 암살을 포기한다. 그리고 자신의 안위와 출세를 위해 겉으로 복종한다. 그런 그의 복종을 지켜보고 있는 다른 이들은 그가 독재자에게 복종한다고 믿는다. 그의 위선을 오해한 관찰자들 역시 더욱 충성스럽게 행동한다. 이를 지켜본 그는 다른 이들의 충성심을 더욱 확신한다. 충성의 나선이다. 모두가 복종한다는 모두의 믿음 탓에 한두 끼만 굶어도 정신 못 차릴 연약한 독재자에게 많은 이들이 머리를 조아린다.[151)

이성민, 황정민 주연의 영화 〈공작〉을 보면, 김정일을 가까이에서 수행하는 경호원의 수가 상당하다. 왜 이렇게 많은 이를 세우는지 궁금해진다. 분명 경호원을 많이 두면 그 중에 자신을 싫어하는 이가 포함될 확률이 높아질 텐데 말이다. 수가 많아질수록 소통은 더 어려워지고 상호 의심은 더 커지기 때문이 아닐까? 극단적인 예를 상상해보자. 보초를 서고 있는 다섯 명은 모두 다 독재자를 죽이고 싶을 만큼 미워한다. 하지만 이들은 겉으로 독재자에게 한없는 충성을 맹세한다. 독재자는 이것만으로 충분하다. 서로 소통할 수 없는 상황에서 독재자를 암살하려 한다면 다른 이들이 자신을 공격할 것이라고 믿는다. 아뿔싸! 모두가 똑같은 두려움을 가지고 보초를 서고 있다. 보초의 수가 많을수록 이러한 오해는 더욱 깊어진다. 자신을 증오할지도 모를 많은 보초에 둘러싸여 독재자가 밤마다 편히 잘 수 있는 비밀이다. 다수가 복종한다고 다수가 믿는 공동지식의 위력이 독재자를 지켜준다. 개개인의 충심조차 얻지 못한 독재자가 쉽게 수천 명, 수만 명을 지배하는 것이다. 종이호랑이는 진짜 호랑이만큼이 위력적이다. 도전하려는 자는 이를 염두에 두어야 한다.

2

충성 맹세가 만드는 오해와 복종

광장은 도전만큼이나 지배의 중심에 서 있다. 이집트의 카이로 타히르 광장, 루마니아의 부쿠레슈티 공산당 중앙위원회 건물 앞 광장, 크레믈린 궁전 앞의 붉은광장 등은 모두 독재자의 위용을 확인하는 오랜 장소이다. 독재자를 지지하는 집회가 열리고 수많은 참가자가 독재자를 한목소리로 찬양한다. 이제 당신의 마음에서 한 점 의구심도 사라진다. 당신은 그를 혐오하지만 당신이 평소 생각했던 것보다 훨씬 많은 이들이(전체는 아니겠지만) 독재자를 지지한다고 실망한다. 당신은 새로운 세상에 대한 희망을 거둔다. 그리고 당신은 박수를 치면서 독재자의 이름을 연호한다. 그런 당신을 지켜보는 동료 시민은 더욱 세게 박수를 친다.

이는 우리 사회의 불행한 사건을 닮았다. 왜 그들은 연기 나는 지하철에서 뛰쳐나오지 않았는가? 평생 한 번 겪어볼까 말까 한 이상한 상황인지라 주위 사람들의 반응을 살핀다. 당신 앞의 승객은 아무렇지 않은 듯 무심히 앉아 당신을 바라보고 있다. 별문제 아니라고 당신은 판단한다. 아뿔싸. 그는 그런 당신을 바라보면서 애써 불안한 마음을 추스르고 있는데 말이다. 결국 결정적인 몇 초 동안 그릇된 안도감이 주위를 감싼다.

권위주의적 조직에서 우리는 우스꽝스러운 공개 충성 맹세를 자주 볼 수 있다. 동그란 배에 기름기가 도는 얼굴을 한 인물을 향해 부처와 공자를 넘어서는 인품과 사자를 압도하는 용맹성 등을 칭송하는 '용비어천가'를 목 놓아 부른다. 왜 이런 어이없는 일을 벌일까? 광적인 충성 맹세의 의례가 진심 어린 충성으로 이어진다고 믿을 수도 있다. 다수가 한목소리로 같은 구호를 외치면서 흥분과 열정이 서로에게 전달되면서 개인이 더욱 충성스러워진다는 생각이다. 만약 지도자의 위대함이 객관적으로 뒷받침된다면 집단 의례는 설득으로 이어질지도 모른다.

그러나 믿기 힘들 만큼 과장된 아부, 억지스럽게 연출된 의전과 의례는 증거를 통한 설득과는 거리가 멀어 보인다. 그렇다면, 균형감각을 잃어버린 충성 맹세는 지배자의 눈부신 자기애에 불과한 것일까? 한 편의 코미디로 치부하기에는 정치적 효과가 상당하다. 과장된 충성 맹세는 독재자의 자존감을 고양할 뿐 아니라 공고한 지배에도 큰 도움을 준다. 과장된 수사로 가득 찬 '용비어천가'를 다 같이 부르면 동의와 설득은 아닐지라도 여론에 내한 오해를 낳을 개연성이 높다. 지배에 유리한 여론인 공동지식이 생성, 유지된다. 다수가 충성하고 있다고 잘못 믿은 구성원 개인은 동의하지 않지만 동조한다. 커다란 광장은 극장으로 화하고 모두는 배우이자 관객이 되어 서로가 서로를 오해하면서 절대 복종에 동조한다.[152]

함께 부르는 '용비어천가'는 주요하게 두 가지 전형적인 인지적 편향을 일으킨다. 먼저 인식의 최초 출발선이 최종 판단에 큰 영향을 미치는 정박효과anchoring effect이다.[153] 명명백백한 거짓말과 오리발이 여전히 효과적인 이유이다. 과장임을 알지만 관찰자는 '용비어천가'를 목 놓아 부르는 관찰 대상자의 속마음을 아래로 충분히 낮추지 못한다. 결국 아부쟁이지만 경외심이 상당하다고 결론 내린다.

두 번째 인지적 편향은 근본귀인오류fundamental attribution error이다. 이는 자신의 행위는 상황적 맥락에 따라 설명하면서도 다른 이의 행위는 내면적 태도로 원인을 돌리려는 경향을 의미한다. 관찰 방향이 자신의 내면이 아니라 타인을 향하고 있기에 우리 모두가 겪는 인지적 비대칭성이다. 거울을 보지 않는 이상 우리 눈에는 자신이 아닌 타인의 얼굴만 보인다. 이를 증명하는 실험이 있다. 동료 학생이 교사의 지시에 따라 쿠바의 지도자 피델 카스트로^{Fidel Castro}를 찬양하는 글을 썼음을 알고 있음에도, 피실험자는 글쓴이의 정치적 태도를 좌파적이라 평가한다. 사회적 압력과 처벌 등의 두려움이 작동하는 상황적 맥락을 충분히 고려하지 못한 채 공개적 충성 맹세가 관찰 대상자의 기질과 태도를 반영한다고 인식하는 것이다. 다행히도 서양의 분석적 사고와 달리 전체 맥락을 중요시하는 동양적 사고는 근본귀인오류에 다소 저항적이다.[154]

정박효과를 비롯한 인지적 편향 탓에 다수의 사적 태도에 대한 다수의 믿음(여론)은 부자연스럽고 과장된 몸짓이 이끄는 방향으로 이동한다. 우스꽝스럽고 엄청난 사회적 낭비로 여겨질 수 있는 충성 맹세 집회의 비밀이 여기에 있다. 함께 부르는 '용비어천가'는 설득이나 동의와 상관없이 동조와 묵종을 낳는다. 모두가 복종한다고 모두가 믿는 공동지식을 만들어 잠재적 반대 세력은 광장에서의 저항을 자발적으로 포기한다.

거대한 건축물 역시 지배를 돕는다. 루브르 박물관에서 고대 아시리아 왕조의 거대한 기둥과 벽장식을 보면서 엄청난 인력이 죽음의 노동을 했겠다는 슬픈 상상을 한다. 파리의 센 강 다리에는 N이라는 글자가 아름다운 테두리로 커다랗게 장식되어 있다. 프랑스 시민 모두에게는 너무나 명명백백한 절대 권력의 흔적이다. N은 나폴레옹의 알파벳 첫 글자이다.

금수산 태양궁전을 비롯해 수령의 위대함을 과시하는 거대 건축물들이 '고난의 행군' 시절(1996~2000년)에도 지속적으로 세워진 사실을 상기하자. 이 기간 동안 굶고 병들어 죽은 북한 주민의 수는 추정치에서 큰 차이를 보이나 보수적으로 잡아도 33만 명 정도에 이른다. 주민이 굶어 죽어가는데 화려한 건물을 세우는 민주주의 정부는 바로 탄핵감이다. 엄혹한 상황에서 벌어진 북한 정부의 재정 지출을 보면서 동상과 건축이 북한 정치에서 얼마나 중요한지를 느낄 수 있다. 거대한 건축은 지배자의 절대성을 모두가 볼 수 있도록 한다. 그리고 모두가 이 건축물을 보고 있다는 사실을 모두가 안다. 권력의 소재가 어디에 있는지 한순간도 잊을 수 없도록 한다. 이 때문에 거대한 건축물은 절대 권력을 유지하고자 하는 통치자의 최대 관심사일 수밖에 없다. 북한 대학생들 사이에서 가장 인기 있는 전공이 건축학이라는 점이 이해되는 대목이다.[155]

언론, 집회, 결사의 자유가 없는 독재에서 지배는 용이하다. 모두가 지배자에게 충성한다고 다수가 믿도록 하기는 어렵지 않다. 많은 이를 운동장에 모아 노래하게 하고, 거대한 동상 혹은 건물을 곳곳에 세운다. 동시에 시민 사이의 소통을 철저히 금지시킨다. 그러면 반역의 여론은 과소평가되고 충성심의 정도는 과대평가된다. 권력을 잡기는 어렵지만 지키기는 쉬운 이유이다. 권력에 도전하려는 자가 잊지 말아야 할 권력의 속성이다.

3

쉽게 믿고, 쉽게 속고,
쉽게 존경한다

잠시 닭장 속의 닭이 되어 보자. 매일 아침 모이를 주는 주인이 한없이 고맙고 좋다. 첫날 닭장에 들어온 주인 농부는 그리 믿음성이 없어 보였다. 그런 그가 맛난 모이를 한 움큼 건네는 것이 아닌가! '나를 많이도 아끼는구나.' 고마움이 송송 올라왔다. 이렇게 모이를 준 지가 1년이 다 되어 갔다. 닭은 농부가 늘 고마웠다. 어느 날 농부의 집에 귀한 손님이 찾아온 모양인지 시끌벅적했다. 그날도 농부는 닭장 문을 열고 들어왔다. 농부는 그날 닭의 모가지를 칼로 내리쳤다.[156]

멍청한 닭이라고 욕하지 마라. 독재정권의 엘리트가 닭을 똑 닮았다. 그들 중 많은 이들이 독재자의 칼날을 피하지 못했다. 상상해보자. 희대의 독재자 스탈린이 당신을 술자리에 초대했다. 고급 양주와 산해진미의 술상이 차려져 있다. 총서기장은 술을 권하고 당신의 등을 연신 쓰다듬으면서 함빡 웃는다. 이제 당신은 혼란스럽다. 며칠 전 고위 인사 한 명이 총살형을 당했다. 독재자가 나를 경계할 것이라고 생각했는데 그의 모습은 너무나 다정하다. 전쟁 영웅인 당신은 다시 마음을 고쳐먹고 독재자를 믿는다. 자신의 눈과 귀를 믿을 수밖에 없지 않은가? 그리고 몇 달 후 세 명의 건장한 중년 남성이 탄 검은색 승용차가 다차(러시아 별장) 앞에 멈추어 선다. 천진난만한 딸아이가 햇살이 쏟아지는 문 앞에서 멀어지는 차를 바라보며 손을 흔든다. 당신은 승용차 안에서 스탈린 직통 전화번호를 대면서 그들을 윽박지르다 얼굴이 피범벅이 될 정도로 얻어맞는다. 이후로 아무도 당신의 소식을 듣지 못했다.[157] 스탈린을 믿은 당신도, 오랜만에 친구가 찾은 농부의 닭도 마찬가지이다. 매일 매일의 경험으로 보편적 결론을 도출하는 귀납적 추론의 치명적 오류를 범했다.

　귀납적 추론을 넘어 더 근본적인 인지적 약점이 엘리트의 착각을 불러온다. 쉽게 믿어버리는 확증편향이다. 사랑받기 위해 태어난 것만큼이나 우리는 믿기 위해 태어난 듯하다. 의심이 아니라 믿음이 우리 인식의 초기 설정default이다. 열량과 에너지를 보존하려는 최소 노력의 생물학적 법칙처럼 가능한 한 생각을 덜 하려는 본능의 결과이다. 스피노자의 천재적 관찰에서 알 수 있듯이 중립의 상태에서 '예, 아니오'로 하나하나 답하는 것은 품이 많이 든다.[158] 종이 출석부를 한 번 예로 들어보자. 어떤 이는 출석한 자와 결석한 자를 모두 표시한다. 출석부는 금세 더러워진다. 좀더 간편한 방법은 결석한 사람만 체크하는 것이다. 이 방식은 일단 학생들의 출석을 전제한다. 이 경우 출석부에 결석 표시가 없는 이유는 두 가지이다. 출석을 했거나 실수로 교수가 이름을 부르지 않은 것이다. 필자는 자신의 이름이 불리지 않았다고 당황해하는 출석자에게 미안하다면서 걱정하지 말라고 이야기한다. 아무런 표시가 없는 이상 출석한 것이라고. 종이 출석부처럼 인지적 에너지를 줄이기 위한 우리 인식의 초기 설정은 긍정(출석)이다. 이런 근본적인 메커니즘에서 알 수 있듯이 "예"라고 답하고 싶어 하는 확증(긍정) 편향은 거의 생물학적 본능에 가깝다. 긍정하고 싶은 우리는 한두 가지 증거가 나오자마자 가설을 채택하고 더 이상의 고민을 멈춘다.[159]

쉽게 믿는 확증편향은 매우 중요한 정치적 함의를 지니고 있다. 쉽게 믿는 순진함 탓에 우리는 너무 쉽게 지배당한다. 먼저 우리는 독재자의 사랑을 갈구하고 사랑받고 있다는 희망 섞인 가설을 세운다. 그는 손을 꼭 잡고 가족의 안부를 묻는다. 독재자의 따뜻한 말과 행동에 나를 사랑한다는 가설을 바로 확증한다. 몇 주 전 핏빛 숙청보다 오늘 자신을 향한 독재자의 말 한마디가 훨씬 무겁게 다가온다. 확증편향으로 인해 희망이 경험을 압도한다.

이런 확증편향을 염두에 두면 핏빛 숙청이 주기적으로 지속되는데도 아직까지 살아남은 엘리트가 가만히 있는 모습을 이해할 수 있다. 같은 파벌 내 동료들의 죽음을 직접 겪으면서도 이들은 혹시나 하는 마음으로 관망하거나 독재자의 숙청에 적극적으로 가담한다. 1950년대 북한의 월북 시인 한설야는 곧 죽임을 당할 임화를 비롯한 오랜 문학 동료들을 비난하고 김일성을 열렬히 찬양했다. 살려달라는 임화의 절규를 애써 무시한 모습은 인간적으로 이해할 만하다. 그런데 그는 여기서 한 발 더 나아간다. 한설야는 "지고지순한 사랑이란 절대의 신뢰가 바탕이 되어야 하고, 신뢰에 대한 한 점의 미진함이 있다면 그것은 사랑이 아니다"라면서 김일성에 대한 충성심을 절절히 토로했다. 하지만 그 역시 1963년 종파사건을 기화로 숙청되었다. 많은 비운의 엘리트가 혹시나 하는 마음에, 권력욕을 노골적으로 드러내는 지배자를 먼저 공격하지 못한 채 가만히 있다가 닭장 속의 닭처럼 당한다.[160] 남아 있는 엘리트는 독재자를 믿고 싶어 하고, 믿어버리기에 독재자는 자신의 잔인성을 만천하에 드러냈다고 걱정할 필요가 없다. 간헐적으로 숙청되어야 할 인물 중 몇몇을 품어주기만 하면 모두가 충성 경쟁에 뛰어든다. 판돈이 큰 위험한 도박에 뛰어든 도박꾼처럼, 엘리트는 낮은 생존 및 출세 확률에 자신을 맡기는 불나방이 되어버린다. 예외적으로 카스트로의 질투를 받은 체 게바라Ché Guevara처럼 죽을 자리로 보내지는 줄 알면서도 혁명의 대의에 자신을 초개처럼 버린 이들도 있긴 하다.

사랑받고 있다는 착각에 정보의 불확실성이 더해지면 엘리트는 속수무책으로 지배자에게 당한다. 커피가 자신이 원하는 만큼 달지 않아 우리는 설탕을 조금씩 더한다. 단맛의 변화를 실감하지 못하고 계속해서 설탕을 더 태우다 보면 어느 순간 너무 달아서 더는 마시기가 어렵다. 지배자의 권력이 증가하는 양상도 이와 비슷하지 않을까? 살라미 소시지처럼 야금야금 먹어 들어가면서 시나브로 지배자의 독재 권력이 늘어나는데도 엘리트와 대중은 미몽에서 벗어나지 못한다. 스탈린이 그렇게 권력을 구축했다. 스탈린은 본격적인 대숙청에 앞서 소련 전역의 지방 당서기장을 하나씩 자기 사람으로 교체했다. 이러한 인사 정책이 시행되는 동안 트로츠키를 비롯한 스탈린의 동료들은 그의 권력욕을 눈치 채지 못했다. 수년간의 노력 끝에 마침내 전체 당원이 모인 자리에서 스탈린의 경쟁자는 더는 그의 상대가 되지 못함을 깨닫게 된다.

쉽게 믿고, 쉽게 속고, 쉽게 존경한다. 능력과 지위가 일치한다고 믿고자 하는 우리는 지배자가 위대한 능력을 지니고 있다고 상정한다. 믿고자 하는 우리 마음은 증거를 찾아 헤맨다. 사실 헤맬 필요조차 없다. 지배자는 바로 우리 눈앞에 무수한 증거를 던져준다. 위대한 지도자 동지는 음악에서부터 과학까지 참으로 다양한 영역에서 혜안과 식견을 뽐낸다. 그럼 다수는 이를 냉큼 받아 위대한 지배자라는 가설이 참이라고 빠르게 결론짓고, 능력 있는 자의 지배를 받으니 얼마나 영광이냐고 스스로 위로한다. 이렇게 카리스마적 정당성이 만들어진다. 모래로 쌀을 만들지 않아도 문제없다.

북한의 3층 서기실 이야기를 잠시 해보자. 일반적으로 공산주의에서 당조직인 서기실은 총서기장이나 주석의 수족과 같은 존재로, 정부 활동의 모든 분야를 아우른다. 당이 정부와 군에 대해 가지는 압도적 힘의 상징이다. 북한에서 수령을 가까이 보좌하는 3층 서기실은 소위 '뇌수'와 같은 역할을 한다. 여기에 과학자 혹은 행정 전문가가 일하고 있다는 사실은 이상하지 않다. 그런데 이들과 함께 오스트리아 등지에서 작곡을 깊이 공부한 이들도 근무한다.[161] 다소

의아하지 않는가? 이들은 전지전능한 수령을 만들기 위해 필요한 이들이다. 오늘 수령이 공연 부대를 방문하여 화음에 대한 음악적 지도를 했다는 뉴스를 접하면서 우리는 궁금증에 빠진다. 꽤 높은 식견을 뽐내는 전문 용어로 몇 가지를 지적한다. 그러면 주위 모든 이들이 수령의 음악적 소양에 탄복한다. 그리 놀랄 일이 아니다. 이미 3층 서기실의 전문 일꾼으로부터 몇 가지 내용을 숙지 받고 이를 앵무새처럼 반복했을 뿐이다. 우리는 아나운서를 볼 때마다 놀라움을 금치 못한다. 어떠한 주제에도 막힘이 없다. 오히려 전문가라고 출연한 이들보다 훨씬 야무지게 말한다. 이 정도면 충분하다. 만약 질의응답 시간을 가진다면 모를까. 마찬가지로 수령의 진짜 실력이 노출될 이유는 전혀 없다. 모두 받아쓰기에 여념이 없으니 말이다.

연기력과 진짜 실력의 구분이 어렵다는 사실을 보여주는 흥미로운 실제 이야기가 있다. 막스 플랑크Max Planck가 노벨 물리학상을 받은 다음 여러 도시를 돌면서 자신의 연구를 알리는 강연을 펼친다. 하루는 지쳐 보이는 그를 위해 운전기사가 자신이 강연을 대신하면 어떻겠냐고 제안한다. 흥미롭다고 생각한 물리학자를 대신해 운전사가 강연했다. 아무도 눈치채지 못했고, 심지어 청중으로 있던 나이 든 물리학자가 질문을 던지기까지 했다. 운전기사는 이를 능숙

하게 넘기면서 자신의 정체를 숨길 수 있었다.[162]

회사 사장도 마찬가지이다. 상상해보자. 그는 부하직원이 무엇을 하는지 비서 등을 통해 미리 충분히 숙지한다. 그리고 악수를 하면서 그들의 업무를 촌평하면 충분하다. 부하직원은 사장의 조직 장악력을 떠벌리고 다닐 것이다. 그렇다. 그들 앞에서 몇 가지 능력을 시연해주면 부하는 이제 자발적으로 높으신 분의 위대함을 여기저기 침이 마르도록 전한다. 사장과 직접 대면한 사건은 자신의 신분을 드러낼 수 있는 자산이자 사회적 통화social currency이기도 하다. 더 사적인 내용일수록 통화의 가치는 올라간다. 높으신 분이 폭탄주를 아주 잘 조제한다는 식의 이야기는 자신이 내부자라는 사실을 은근슬쩍 보여준다.[163] 몇 가지 흥미로운 에피소드를 만들어주면 열매를 삼킨 새가 씨앗을 퍼트리듯 아랫사람은 우쭐한 마음으로 여기저기 이야기를 뿌린다.

정말이지 높고 유명한 사람은 실제로 만나면 얼굴에 빛이 난다. 대통령이 누구든 그와 악수할 기회가 있다면 그의 머리 뒤로 후광을 보지 않기가 어렵다. 사실 유명 연예인을 만나기만 해도 우리는 이를 뜻밖의 중요한 사건으로 치부한다. 이는 그냥 한 사람의 모든 것이 다 좋아 보이는 후광효과halo effect인데, 우리는 이로 인해 더욱 쉽게 지배를 용인한다.

쉽고 믿고 쉽고 속는 우리의 순진성에 정통한 마키아벨리는 군주는 좋은 사람일 필요는 없지만 반드시 좋은 사람처럼 보여야 한다고 조언한다. 앞서 논의했듯이 우리는 독립적이고 수체적이고 균형감 있게 판단하기보다는 권력을 남용하는 지배자에게 유리한 쪽으로 쉽고 빠르게 믿어버린다. 몇 가지 맞춤형 멘트를 준비해서 날려주면 대중은 지배자의 도덕성을 칭송한다. 여기에서 한 가지 더. 스킨십을 아끼지 말아야 한다. 한번 손만 잡아주면 지배자의 잔인함을 잊어버리고 자신은 신임과 사랑을 받고 있다고 굳게 믿는다. '미워도 다시 한번'이고 '혹시나' 하는 마음이다. 결국 '역시나'지만 말이다.

독재의 역사를 보면 독재자는 사랑을 믿고 싶은 엘리트와 전혀 다른 마음을 가지고 있는 듯하다. 불신의 가설이다. 지배자의 눈에 들어 출세한 엘리트는 지금처럼 가면 된다. 그냥저냥 지내면 잘살 수 있다. 조직에서 치고 올라오는 아랫사람이 두려운 중간간부처럼 수구적이고 보수적이며 위험을 회피한다. 반대로 권력을 잡은 자의 기본 마음 상태는 의심과 불안이다. 폭식과 불면증으로 심혈관계의 질병이 잦은 데서 간접적으로 유추할 수 있다. 지배자에게 더 올라갈 곳은 없다. 방심하면 모든 것을 잃는다. 지배자의 마음은 행동경제학에서 이야기하는 손실의 영역에 항상 있다.

편안한 상태가 아니다. 의심하는 마음인 유죄추정의 원칙으로 엘리트를 대한다. 야구에서처럼 말이다. 우리 편 선수가 볼에 맞으면 투수는 다음 수비에서 상대편 선수를 꼭 맞춘다. 보복하지 않으면 투수는 동료 선수들로부터 고립된다. 상대 투수가 고의로 맞추었다고 추정하는 원칙이다. 지배자는 절대적 충성이 증명되기 전까지 엘리트를 의심하는 가설을 설정한다. 이 가설 역시 쉽게 확증된다. 오랜 회의로 찡그린 얼굴과 무심코 앞서 걸어가는 발걸음은 유죄추정의 가설을 뒷받침하는 증거로 채택된다. 어느 공개 화면에서 당시 북한의 2인자로 여겨지는 황병서 당조직지도부 제1부부장이 무심코 김정은에 앞서 걷는 자신의 모습에 화들짝 놀란다. 목숨이 걸려 있으니 놀랄 만하다.

부당한 지배자에 맞서려는 자들은 명심해야 한다. 많은 이들이 편향된 인식으로 지배받을 준비가 되어 있고, 당신이 반대하려는 이에 대해 당신과는 전혀 다르게 판단한다. 지배는 쉽고 도전은 어렵다.

4

시민은 가끔씩만 시민답다

　다른 사람도 내 마음과 같을 것이라는 생각은 금물이다. 세상의 진실이 모두 앞에 똑같이 드러날 것이라는 믿음은 정치적 어리석음이다. 동일한 사건 앞에서 우리 모두가 자동적으로 한마음 한뜻이라고 생각하면 오산이다. 사회 현상에 대한 평가는 주관적 잣대에 매우 취약하다. 예를 들어 우리는 국지적 비교로 사회적 사건을 판단한다. 아프리카와 중앙아시아를 비롯해 최빈국을 연구하는 필자의 입장에서 한국은 너무나 선진적인 나라이다. 그렇지만 사회과학 연구자가 아닌 일상을 사는 시민으로 자신의 삶을 평가할 때 절대로 전 세계 모든 이들과 자신을 비교하지 않는다. 비교 대상은 극히 국지적이다. 우리는 옆 사람들과 비교한다.

그리고 누가 옆 사람인가에 따라 평가는 180도 달라진다.

광장의 선도자는 각자가 쓰고 있는 제 눈의 안경만큼이나 바쁘고 복잡한 일상의 무게에 눌린 이웃의 어려움을 충분히 감안해야 한다. 갑질하는 상사, 아이의 학업 문제, 마음에 들지 않는 옷 색깔 등으로 오늘도 출근길이 무거운 이들이 대의명분에 쉽게 동참할 것이라는 판단착오는 유아적이다. 광장에 나서려는 자는 승리를 낙관하는 동시에 대중에 대해 충분히 비관적이어야 한다. 사람들은 세상의 정의를 수호하고자 하는 당신을 분명히 실망시킨다. 특히 당신이 내가 역사의 진리를 알고 있으니 나를 따르라며 추상적으로 정의, 평등, 자유를 외친다면, 소수의 추종자와 손주를 사랑하는 당신의 할머니만이 당신의 등을 두드릴 것이다.

당신에게 눈길조차 주지 않고 바삐 걸어가는 많은 이들은 세상 모든 문제에 촉각을 곤두세우고 합리적으로 판단하는 이성적 행위자와는 거리가 멀다. 첫째, 우리 대부분은 변화를 피하고 싶어 하는 소심한 현상 유지 편향자이다.[164] 자기 손에 들어온 것이 너무나 소중하고 손실에서 오는 괴로움이 크기 때문에 위험을 회피하고자 한다. 동전을 던져 앞면이면 150만 원을 얻고 뒷면이면 100만 원을 내놓는 게임이 있다. 이 게임의 기댓값은 당신에게 유리한 25만 원이지만, 우리 대부분은 동전을 던지지 않는다. 150만 원을 얻을 때의 심리적 기쁨보다 100만 원을 잃을 때의 심리적 아픔이 더 크다. 가진 것을 소중히 느끼는 소유효과endowment effect와 이를 잃을 때 느끼는 고통을 피하고 싶은 손실회피loss aversion 욕구로 인해 우리는 불확실한 미래인 개혁을 멀리한다. 그러나 만약 당신이 자주 로또를 구매하는 편이라면 대부분의 사람들과 달리 동전을 던지겠다고 선택할 가능성이 다분하다. 소수파인 당신은 위험 감수형이다.

소심한 사람이 위험을 감수하려 할 때도 있다. 아무것도 하지 않은 채 100만 원을 잃는 선택과 동전을 던져 앞면이 나오면 200만 원을 잃고 뒷면이 나오면 한 푼도 잃지 않는 선택이 주어지면 동전을 던지려 한다. 200만 원을 잃을지도 모르지만 100만 원의 확실한 손실을 피하고자 위험을 감수한다. 만약 개혁하지 않으면 망할 운명이라고 판단할 경우 우리는 불확실성에 개의치 않고 더 나은 미래를 위해 돌진한다. 축구 경기에서 후반 막판 뒤지고 있을 경우 골키퍼까지 공격에 나서는 이치이다. 어차피 이대로 가면 패배가 확실해 보이기에 전원 공격으로 큰 위험을 감수하는 것이다.[165]

또 다른 이유로 많은 이들은 개혁에 소극적이다. 지금 손에 쥐고 있는 것을 내놓고 싶지 않은 소유효과와 손실회피 욕구로 인해 불확실한 위험(변화, 개혁)을 피하려 할 뿐 아니라 자신의 손에 피를 묻히지 않고 무임승차하려 한다. 마르크스는 역사적 사명을 자각한 노동계급의 집단행동으로 역사는 진보할 것이라 예언했다. 그의 예언은 무임승차라는 집단행동의 딜레마를 고려하지 않았다. 억압받는 많은 자들이 계급 해방이라는 공동의 이해를 자각하고 새로운 세상을 위해 함께 싸울 것이라 믿는다면 당신은 정치적으로 순진하다. 공동의 이해를 찾기도 어렵지만 공동의 이해에도 불구하고 무임승차의 유인으로 협력에 자주 실패한다.

초기 미국의 노동조합 운동은 깨어 있는 노동자 집단의 자발적 참여와는 거리가 멀었다. 파업을 앞둔 공장 문 앞에서는 몽둥이를 들고 있는 조합원을 자주 목격할 수 있었다. 몽둥이는 경찰이 아니라 파업에 동참하기를 주저하는 동료를 향해 있었다.

분명 미래에 성공할지도 모를 개혁이 발생시키는 사회 전체의 이익은 매우 크다. 하지만 세상이 조금 더 깨끗해지고 부패가 줄어든다고 해서 나에게 직접 돌아오는 이익은 대체로 보잘것없다. 더욱이 많은 개혁은 모두가 누릴 수 있는 비배재적 공공재이다. 민주화 운동에 기여했는지 여부와 상관없이 구성원 모두—민주화를 억압한 이들을 포함해서—는 민주화와 법치의 혜택을 누린다. 민주화에 헌신한 대부분 학생은 아주 나쁜 학점, 각종 고시 준비 포기 등으로

진학과 취업에서 상당한 불이익을 감수했지만 자랑스러움과 뿌듯함을 제외하고 별다른 보상은 없었다.[166]

구성원 대다수에게 바람직한 변화로 정의될 수 있는 개혁은 수혜자들과 함께 손해 보는 자를 반드시 양산한다. 개혁 대상인 구질서에서 혜택을 누리는 자는 큰 손실을 입는다. 그것도 오늘 당장이다. 확실하고 막대한 손실에 직면한 구세력은 개혁을 막기 위해 자신의 시간과 돈을 쓰는 데 주저하지 않는다. 이들 사이에 집단행동의 딜레마는 없다. 자신의 돈과 시간을 들여 개혁을 저지할 경우 예상되는 이득이 저지 비용을 압도한다. 부언하면 수구 세력이 집합적으로 개혁에 반대할 수 있는 것은 성숙함도 협동심도 아니며 이기심 때문이다.

이렇듯 미래의 이득에 대한 회의감, 무임승차의 이기심과 집단행동의 딜레마, 기득권의 강력한 저항 탓에 개혁은 정치적으로 매우 부담스럽다. 개혁의 딜레마를 이야기할 때 자주 인용되는 『군주론』의 다음 구절은 이 모든 어려움을 담고 있다.

새로운 형태의 제도를 만드는 것보다 어렵고 위험하며 성공하기 힘든 일은 없다는 점을 깨달을 필요가 있다. 그 이유는 구질서로부터 이익을 누리던 모든 사람이 개혁자에게 적대적이 되는 반면, 새로운 질서로부터 이익을 누리게 될 사람들은 기껏해야 미온적인 지지로 남아 있기 때문이다. 이렇게 미온적인 지지만 받는 이유는 잠재적 수혜자들이 한편으로 과거에 법을 일방적으로 전횡하던 적들을 두려워하고, 다른 한편으로 인간의 회의적인 속성상 자신들의 눈으로 확실한 결과를 직접 보기 전에는 새로운 제도를 신뢰하지 않기 때문이다. 그 결과, 변화에 반대하는 세력은 혁신자를 공격할 기회가 있으면 언제나 전력을 다하여 공격하는 데 반해, 그 지지자들은 오직 반신반의하여 행동할 뿐이다.[167]

많은 이가 손실회피로 인한 현상유지 편향과 무임승차 등을 스스로 극복하여 새로운 변화를 원하고 동참할 생각이라 해도 여전히 다수의 참여에 대한 다수의 확신이 필요하다. 이는 어렵다. 비유하자면 카카오톡에서 다른 웹 메신저 서비스로 이동하는 것을 상상하기 어려운 이치이다. 많은 이들이 다른 하나의 메신저로 동시에 갈아타야 한다. 다수가 참여한다고 다수가 믿을 때 가능하다.

현상유지 편향, 무임승차, 다수의 참여에 대한 확신과 함께 시간이 개혁의 편이 아닌 경우도 흔하다. 시간이 흐를수록 구질서의 무게는 더욱 무거워진다. 가장 흔히 드는 예로 컴퓨터 자판의 알파벳 배열이 있다. 자판의 알파벳 배열이 최적화되지 않았다는 점이 분명해졌지만 이미 모두 익숙해졌고, 수많은 자판이 만들어졌다. 최적화된 자판을 도입하기 위해서는 지금까지 축적된 모든 것을 버려야 한다. 이제 더는 바람직하지 않다. 너무 많이 와버렸다. 기술적으로 표현하면 시간이 갈수록 다른 선택의 기회비용이 증가하여 일단 들어선 비합리적 경로에서 벗어나지 못한다. 경로 의존적이다.[168] 우리네 인생이 많이 그렇다. 로버트 프로스트 Robert Frost도 「가지 않은 길road not taken」에서 "숲속에 두 갈래 길이 있었다고, 나는 사람이 적게 간 길을 택하였다고, 그리고 그것 때문에 모든 것이 달라졌다"고 인생을 요약한다. 이를 그래프로 아래와 같이 표현할 수 있다. 시간이 갈수록(t1, t2, t3), A와 B의 간극은 커진다.

무엇보다 우리를 보수적으로 만드는 것은 변화의 복잡성이다. 정치적이라기보다는 기술적 문제이다. 하나를 고치면 다른 문제들이 연달아 나오는 상황을 재치 있게 묘사

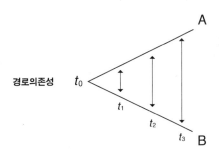

경로의존성 t_0 A

t_1 t_2 t_3 B

한 우화가 있다.

다음날 자모시치로 간 페이사흐 가족은 좋은 옷가게를 발견하고 단추를 사기 위해 안으로 들어갔다. …… 셔츠 단추를 전부 새것으로 바꾸는 것이 좋을 것이라고 제안했다. 단추 하나만 새것으로 빛나면 이상하게 보인다는 것이었다. … 셔츠가 새 단추들을 꿰맬 수 없을 만큼 낡았다는 사실을 알아차렸다. …… 낡은 바지와 어울리지 않았다.[169]

새 단추 하나를 사려는 계획은 단추를 모두 바꾸는 것으로 이어지고, 낡은 셔츠 대신 새것이 필요해졌고, 구색을 맞추기 위해 새 바지마저 필요해졌다. 그리고 그의 새 옷에 비해 너무 누추한 가족 전체의 옷 역시 바꾸어야 했다. 그 순간 지금까지 만족했던 가난이 모질게 부끄러워졌다는 우화에서 부분적 개혁이 가져오는 예상치 못한 연쇄반응이 잘 드러난다.

관료적 보수주의의 합리적 근거인 셈이다. 세상은 복잡하다. 지금 기와집이 약간은 비뚤어져 있다. 오랫동안 이렇게 서 있다는 점에서 안전에는 문제가 없어 보인다. 그런데 비뚤어진 서까래가 마음에 들지 않은 새 주인이 서까래를 바로 잡으려 망치질을 해서 안으로 바룬다. 그런데 이로 인해 기둥이 더욱 비뚤어지고 집 전부를 손보아야 하는 지경에 처한다.

우리의 고집 역시 개혁의 발목을 잡는다. 지금까지 살면서 논쟁으로 상대방의 정치적 신념을 바꿔본 적이 있는지 한번 떠올려보자. 한번 생긴 정치적 신념은 좀처럼 바뀌지 않는다. 정치 현실은 많은 경우 애매모호하고 다면적이다. 조금만 틀어버리면 현실은 자신의 입장을 지지한다. 특히 정책과 결과 사이의 인과관계는 많은 경우 불분명하다. 이런 상황에서 아전인수가 판을 친다. 이러한 아전인수를 가장 심하게 하는 정치인 중 한 명이 트럼프이다. 놀랍게도 그의 숨 막히게 하는 아전인수를 아직은 상당수가 지지한다.[170] 우리는 과학자가 아니라 능숙한 변호사처럼 살아간다. 마음을 정한 우리는 합리적 판단 대신 합리화에 온 정성을 쏟는다.

덜 합리적인 인지적 편향과 함께 우리는 합리적으로 무지하다. 시민이나 학생 중 한 명을 잡고 물어보라. 지금 국무총리의 이름을 아는지? 상당수가 모른다고 답하지 않을까? 국경일에 주요 정치, 역사 지식을 거리의 시민들이 제대로 답하지 못하는 모습을 걱정하는 뉴스 프로그램을 한 번씩은 본 적이 있을 것이다. 그런데 정말 식자층이 개탄할 정도로 문제가 심각할까? 정치학에서는 시민의 이러한 태도가 나라와 문화에 상관없이 일반적이라고 보고, 이를 합리적 무지rational ignorance라고 부른다. 모르는 것이 어찌 합리적인가? 공적인 문제에 대한 관심 역시 공공재의 일종이다. 당신이 정치학자이거나 방송에 출연하는 시사 평론가가 아닌 이상 국무총리의 이름을 안다고 해서 돌아오는 개인적 이익은 없다. 단 당신이 한국정치론을 수강한다면 국무총리의 이름을 기억할 충분한 유인이 있다.

민주주의의 주인은 국민이고, 국민이 주인답게 행동해야 한다고 믿는 이들에게 질문하고 싶다. 주인다움은 시민의 정치적 덕성에 대한 과도한 기대가 아닐까? 어쩌면 질량 불변의 법칙처럼 한 개인이 가질 수 있는 관심의 양은 제한되어 있지 않을까? 인지심리학자가 가정하듯이 우리가 나이가 들어 주변 사람의 이름 등을 잊어버리는 이유는 머리가 나빠져서라기보다는 기억해야 할 더 중요한 것들이 많아져서 부차적 기억들이 밀려나기 때문은 아닐까? 어쩌면 너무 아는 것은 민주주의를 과부하시켜 정치 과잉으로 우리를 몰고갈지도 모른다. 그리고 아마도 아는 게 병이고 모르게 정말로 약일 때도 있다. 저울과 칼을 든 정의의 여신은 눈을 가리고 있다.[171] 피의자의 얼굴을 보면 판단이 흐려지기 때문이다. 수려한 외모의 피고인이 받은 형량이 동종의 다른 범죄인보다 통계적으로 낮다는 연구 결과도 있다. 민을 수 없을 정도의 놀라운 기억력을 지닌 이의 사회과학적 분석은 지루하다. 너무나 많은 정보를 기억할 수 있는 능력 때문에 종합과 추상으로 정보를 간추리지 못하기에 분석력이 떨어지는 역설이다. 세상의 지형지물을 정확히 1 대 1의 비율로 표시하는 지도는 지도로서 가치가 없다.

시민의 덕성을 다그치기보다는 시민의 시간과 열정의 한계를 인정하고 이를 보완하는 것이 민주주의를 지키는 더 나은 길이 아닐까 한다. 매일의 정치는 정치 엘리트의 놀음이다. 민주주의는 시민의 한정된 정치적 덕성을 다르게 해결할 수 있다. 권력분립을 통해 정치 엘리트가 서로 싸우도록 부추기는 것이다. 권력을 나누어 가진 헌법기관들이 각자 자신의 목소리를 내면서 갈등한다. 이는 두 가지 중요한 역할을 한다. 첫째, 헌법기관 사이의 갈등은 싸움 구경을 좋아하는 우리의 주목을 끈다. 둘째, 이들이 자신의 견해를 옹호하는 과정에서 우리에게 정보를 제공한다. 이들이 싸우고 다투는 과정에서 무엇이 중하고 무엇이 문제인지가 바쁜 시민들에게 알려지고, 가끔 다수 시민이 이들의 싸움에 개입하여 판관의 역할을 한다.[172]

우리의 인식과 이해는 편향적이고 제한적이다. 광장으로 나서는 자는 현실에 존재하지 않는 이상화된 대중을 상정하지 말아야 한다. 당신 역시 한 분야, 하나의 이슈에서 선도자일지 몰라도 다른 영역에서는 추종자이거나 심지어 변화를 주저하는 느림보이다. 바쁘고 지친 대중에게 강변하지 마라. 세상은 애매모호함으로 가득하기에 상대도 나처럼 세상을 볼 것이라는 어리석은 생각에서 최대한 벗어나야 한다. 이상적 인간형을 상정하고 이 기준에 미치지 못하는 이를 비판하기는 쉽지만 주위 사람에게 당신은 지적질을 일삼는 꼰대로 보일 뿐이다. 모두를 저주하면서 타인을 지치게 하고 당신도 지칠 뿐이다. 인간의 인간적인 한계를 부정하고 자신이 가진 추상적인 원칙을 들이댄다면 이는 실패의 지름길이다.

민주주의여, 무소의 뿔처럼 가라

금수저, 흙수저 논란으로 뜨거운 오늘 한국에서 세상의 부당함에 대한 세 가지 반응을 엿볼 수 있다. 노오력 하자. 약자의 전략으로 어려움을 돌파하자. 닥치고 정치하자.

노오력을 강조하는 어르신과 세상의 부당함에 분노하는 젊은이 사이를 막고 있는 인식의 심대한 벽은 조건부 확률로 이해할 수 있다. 어르신은 노력해서 성공한 경우에 주목하고, 젊은이는 성공한 사람들 중 노력한 경우를 생각한다. 이는 다른 확률값을 낳는다. 먼저 경험주의자 베이컨의 명언처럼, 부재를 감각하지 못하는 한계로 인해 노력했지만 실패한 자의 빈도수(C)가 상당히 과소평가된다. 간절한 기도로 살아난 어부의 그림을 설명하는 이에게, 기도했지만

성공과 노력의 조건부 확률

$$P(\text{성공}|\text{노력}) = \frac{A}{A+C} \quad P(\text{노력}|\text{성공}) = \frac{A}{A+B} \quad P(\text{성공}|\text{노력}) \neq P(\text{노력}|\text{성공})$$

죽은 어부의 그림은 어디에 있느냐고 세네카는 반문했다. 노력했고 실력도 갖추었지만 실패한 이들이 어르신을 비롯한 우리 모두의 눈에는 잘 보이지 않는다. 이 때문에 어르신의 확률값 P(A/A+C)는 높다. 젊은이들에게는 친구들 중 노력 안 하고 성공한 사례(B)가 눈에 띄고 오래 기억된다. 젊은이의 확률값 P(A/A+B)는 낮다. 조건부 확률이 다르게 계산되기에 어르신은 노력하면 성공한다고 믿고, 젊은이는 성공은 자신의 통제 밖에 있다고 믿는다. '노오력'하라는 어르신은 자기를 탓하라 하고, 젊은이들은 남 탓, 사회 탓, 운 탓이라 한다.[173]

분명 '노오력'을 주창하는 이들은 성공에서 운이 차지하는 부분을 간과하고 있다. 특별히 업적에 대한 (모두의 측정값이 일치한다는 의미에서) 객관적인 평가가 어려운 분야의 경우 무엇을 하는가보다 누구를 아는가가 결정적이다. 미술계의 네트워크 분석을 수행한 물리학자의 연구 결과에 따르면, 박물관, 미술관, 미술품 수집가, 화가 사이의 네트워크는 상당히 폐쇄적이다. 핵심 네트워크에 들어갈 때만 작품은 상당한 가치를 부여받을 수 있다. 많은 분야에서 최상위권자들 사이의 업적과 능력 차이가 근소하기에 승자독식은 무작위적인 운에 크게 좌우된다고 해도 과언이 아니다. 클래식 음악 경연에서 첫날 첫 번째로 연주한 이는 실력이 아무리 뛰어나도 무조건 일등은 포기해야 한다. 심사자가 아직 높은 점수를 줄 준비가 안 되어 있기 때문이다. 같은 와인에 대한 전문 심사자 개인의 평가가 크게 왔다 갔다 하는 당혹스러운 실험 결과도 있다.[174]

약자라면 강자처럼 싸우지 말고 다양한 전술을 개발해야 한다는 흥미로운 지침은 사회과학 방법론에서 우려하는 치명적인 약점을 지니고 있다. 약자의 전법을 사용해서 성공하거나 실패한 경우만큼이나 아무런 전략 없이 성공하고 실패한 경우 등을 모두 따져 보아야 한다. 성공한 사례에서만 교훈이 되는 공통점(발견하기도 어렵지만)을 추출하는 연구는 종속변수(성공한 결과) 중심의 연구로, 방법론적으로 치명적이다.[175] 약자의 전법을 찾아내고자 하는 노력 역시 똑같은 오류를 범한다. 위대한 성공을 거둔 인물의 처세를 일반화하는 것에 젊은이들이 느끼는 심정적인 거부감에는 과학적 근거가 있는 셈이다. '성공 = 기술 + 운'이라는 카네만의 공식을 항상 염두에 두면서 위대한 인물의 성공담을 음미하고 균형 잡힌 결론을 내릴 수 있어야 한다. 위대한 성공은 괜찮은 능력과 커다란 행운의 결합이기 때문이다. 누가 아사다 마오에게 노력이 부족했다고 말할 수 있을까? 그녀의 모든 어려움은 누군가와 같은 해에 태어났다는 불운에서 비롯되었을 뿐이다.

운은 태생적으로 공평하다. 항아리에 각자의 이름을 적어 넣으면 이름이 뽑힐 확률은 모두 똑같다. 그런데 주사위에 하나의 번호만 적혀 있다면 운은 더 이상 공평하지 않다. 인간적인 실수가 아니라 고의로 저질러졌다면 바로잡기 위해 싸워야 한다. 힘에는 오직 힘으로 맞서야 한다. 정치는 이 순간에 필요하다. 기울어진 운동장에서 다수의 개인이 부당한 대우를 받고, 불공정한 결과를 얻는다. 달려오는 사자가 강아지라고 믿는 정신승리는 결국 현실의 벽에 부딪힌다. 기울어진 운동장은 현실의 벽이며 혼자 해결할 수 없다. 광장으로 나아가야 한다.

현재 존재하는 명명백백한 부조리를 타파할 뿐 아니라 새롭게 미래를 구성하기 위해서도 정치는 불가피하다. 많은 심리학적·행동경제학적 처방은 병을 근본적으로 치료하지 않고 증상을 완화하려 한다.[176] 이 역시 우리 인생에 큰 도움이 되지만 좋은 의사는 병의 근원을 치료해야 한다. 주위 환경을 미세하게 조작하여 사람들의 행동을 바꾸려는 노력을 뛰어넘어 새로운 비전을 제시하고 집단행동을 해야 한다.[177] 우리가 정치를 외면할 수 없는 이유이다.

광장은 민주주의를 지키는 장이다. 민주주의는 많은 문제점이 있음에도 가장 덜 나쁜 정치제도이다. 민주주의를 위해 우리는 광장에 모인다. 초기의 어려움을 뚫고 승리에 대한 낙관적 태도를 견지한 핵심 대중의 선도적 노력은 연쇄반응을 일으키면서 수많은 시민을 광장으로 불러 모은다. 마침내 시민의 자유와 결사를 억압하는 편에서 항복을 선언한다.

그럼 이제 집으로 돌아가야 하나? 홈런 타자에게서 한 수 배워보자. 대체로 체격이 우람한 편인 홈런 타자들은 예상 밖으로 유연하다. 공을 힘껏 때린 후 허리는 부드럽게 돌아가고 배트를 잡은 팔은 공중으로 쭉 뻗어 올라간다. 전문 용어로 팔로우스루Follow-Through라 한다. 장타를 만들려면 이 동작이 필요하다. 민주주의 역시 팔로우스루가 중요하다. 한 판 대동의 싸움 끝자락에서 시인은 이렇게 노래한다. "잔치는 끝났다고, 마지막 셈을 마치고 제각기 신발을 찾아 신고 떠났다."[178] 하지만 사실 우리는 그렇게 허망하게 잔치를 끝내지 않았다.

잔치가 끝났으니 각자 집으로 돌아가 정치는 잊어버린 채 생업에만 몰두하면 만사형통인가? 사실 1987년 민주화 이후 1988년에 대학을 들어간 '88학번' 이후의 대학생들이 종종 듣는 말이 있다. 이제 민주화가 되었는데 왜 시위를 하느냐는 비아냥이다. 이들에게 이집트 이야기를 해주고 싶다. 이집트 타히르 광장에 조금의 시민들이 모였다. 이들은 이웃 나라 튀니지 시민의 승리 소식을 듣고 희망에 차 광장으로 나왔다. 누구도 무바라크의 패배를 확신하지 않았다. 전 세계는 불안한 눈빛으로 사태를 관망했다. 그런데 놀랍게도 며칠 지나지 않아 수많은 사람이 광장으로 몰려들었고, 한 주가 끝날 쯤 무바라크는 권좌에서 물러났다. 이집트의 민주 투사들은 승리를 자축하고 집으로 돌아갔다. 곧이어 선거가 있었고, 결과에 불만을 가진 군부는 다시 쿠데타를 일으켜 선거로 선출된 대통령을 감옥에 집어넣었다. 시민들은 속수무책이었다.

2019년 3월, 한국에 체류 중인 이집트 젊은이들이 한국 정부를 향해 중동의 독재정권과 협력하지 말아달라고 피켓 시위를 벌인다는 기사가 실렸다. 이집트 젊은이들의 애타는 호소에도 불구하고 힘의 논리가 지배하는 냉정한 국제 정치의 현실 속에서 민주와 독재의 원칙에만 입각해 국가 전략을 수립하는 정부는 어디에도 없다. 누구를 탓하겠는가? 이집트 젊은이들이 너무 일찍 잔치를 끝내고 집으로 돌아가 버린 탓이다. 1987년 민주화가 끝났다고 모두가 돌아가버렸다면 우리의 민주주의는 이집트의 운명과 크게 다르지 않았으리라.[179)]

'그리고 행복하게 살았답니다'라는 결말은 동화 속 이야기이다. 아무리 운명적인 만남이라도 고치고 맞추고 타협하는 과정이 끊임없이 필요하다. 민주주의 역시 한 번의 승리로 끝나지 않는다. 연탄불로 밥을 해본 이는 알겠지만 인내심을 가지고 뜸을 들여야 밥이 맛있다. 너무 빨리 승리를 선언하고 집으로 돌아가버리면 민주주의는 설익는다.

설익은 민주주의는 쉽게 퇴락한다. 우리의 자화상은 민주주의에 그리 걸맞지 않다. 쉽게 믿고 쉽게 존경한다. 회의하고 비판하기를 어려워한다. 일단 태도를 정하고 나면 유리한 증거만을 편향적으로 수집한다. 공익을 위한 집단행동은 이기심 탓에 자주 실패한다. 서로가 서로의 마음을 아는 양인심사양인지를 이루지 못해서도 우리는 자주 실패한다. 그래서 광장은 더욱 소중하다. 가끔 수많은 시민이 광장에 모여 한마음 한뜻으로 민주주의를 염원하는 귀한 시간 동안 우리 모두 조금 더 인내하고 노력을 기울여야 한다. 겨울을 맞는 동학 농민군처럼 일단 흩어지면 다시 모이기 어렵다.

마침내 시민의 의지와 행동이 열매를 맺고 정말로 잔치가 끝나서 하나둘 판을 떠난다. 이는 정상이다. 우리에게는 생업이 있기 때문이다. 시민 대부분은 아주 가끔 공적인 문제에 관심을 가진다. 일상으로 돌아갈 시간이다. 다수가 항상 사회 문제에 민감한 상태로 남아 있기는 불가능할 뿐 아니라 바람직하지도 않다. 매일 아침 먹고 저녁에 퇴근해서 국민 전체가 집회를 하는 나라는 전체주의 사회밖에 없다. 전체주의는 사생활을 허용하지 않는다.[180] 결국 인간적으로 가당치 않은 도덕과 헌신의 끊임없는 요구 속에서 위선과 냉소가 판을 친다. 건강한 삶을 위해 우리는 사적 공간으로 후퇴해야 하고, 공적 문제에 대해 약간은 무지하고 무관심해야 한다.

팔로우스루를 마친 우리의 승리는 공고하다. 광장의 승리는 공동체에 기억을 남긴다. 이것이 민주주의의 초석이다. 촛불이 위대한 이유는 시민들 사이에 더 높은 수준의 공동지식을 만들기 때문이다. 모든 정치 질서가 그렇듯이 국내 정치는 정치 세력의 냉혹한 힘의 배분 상태에 달려 있다. 각자는 상대의 처벌 혹은 묵종을 예상하고 이에 맞추어 자신의 선택을 정한다. 광장의 기억은 시민을 강하게 만든다.

상상해보라. 1987년 민주화 운동이 있을 당시 많은 이들이 군사 쿠데타를 걱정했다. 30여 년이 지난 지금 우리나라

시민들의 절대다수는 이 무모한 시도 자체가 가능하지 않다고 믿는다. 무엇 때문인가? UN 등 국제사회가 제3의 심판자로 나서서 우리의 민주주의를 지켜주기 때문이 아니다. 판사도 경찰 때문도 아니다. 1960년대, 1970년대 대한민국에는 판사가 없었는가? 법이 없었는가? 생각해보라. 국가 공권력이 국민의 정치적 자유를 심각히 침해했다. 쿠데타를 감행했다. 누가 우리를 도와줄 것인가? 판사들이 위법이라고 소리치면서 거리로 나올 것인가? 경찰이 군 장성을 체포해서 재판에 회부할 것인가? 독재의 역사는 법과 사법부가 민주주의를 지켜주지 않는다는 사실을 증명한다. 힘은 오직 힘으로만 제어될 수 있고, 민주주의를 지킬 힘의 원천은 오직 시민이다.

그렇다면 무엇이 시민의 힘을 결정하는가? 바로 시민들 사이 공동지식의 내용이 시민의 정치적 힘과 민주주의의 수준을 결정한다. 다수가 쿠데타에 저항하기를 주저하지 않는다고 다수가 믿는 공동지식이 군사 쿠데타를 사전적으로 억지한다. 용암이 폭발하듯 뜨겁게 분출한 대중의 정치 참여와 이들의 승리는 공동지식이라는 지울 수 없는 흔적을 남긴다. 나무의 나이테처럼 사회는 성장하면서 하나의 분명한 성장테를 남긴다. 이것만은 안 된다, 이것만은 지켜한다고 우리 다수가 믿는다고 다수가 믿는 공동의 생각이 하나의 뚜렷한 기억이 된다. 이것만이 공권력 남용에 대한 분명하고 유일한 방어책이다.

이제 우리는 공동의 기억을 문서와 제도로 남겨야 한다. 헌법을 비롯한 다양한 공적 기록은 우리가 무엇에 동의했는지를 분명히 보여주어 우리의 공동지식을 보호해준다. 여기에 헌법의 위력이 있다. 독재의 헌법 역시 엘리트 사이의 공동지식을 만들어주는 계약서이다. 독재자는 함께 쿠데타를 도운 장군들에게 다음 정권을 물려주겠다고 약속한다. 하지만 몇몇이 모여 밀실에서 합의하는 것으로 끝내면 별 정치적 강제력이 없다. 헌법으로 공표함으로써 7년 뒤 후임자에게 권력이 넘어간다고 모두가 믿는다고 모두가 믿을 때 독재자의 약속에 신뢰성이 생긴다. 일치된 기대가 만들어내는 정치적 압력을 독재자가 무시할 수 없기 때문이다. 7년 단임을 적시한 헌법 덕분에 현재의 충성이 미래의 집권으로 이어진다고 믿고, 권력욕으로 가득 찬 다른 장성들이 쿠데타에 동참한다. 이렇듯 전두환의 7년 단임제 헌법은 노태우의 신뢰를 확보하기 위한 의도로, 전두환의 단임제 의지와는 하등 상관이 없다고 볼 수 있다.[181]

그렇다면 우리는 어떤 헌법을 만들어야 하는가? 권력을 분산시키는 헌법이 필요하다. 권력을 분산시키면 두 가지 좋은 점을 예상할 수 있다. 첫째, 정치의 승자독식 경향을 약화할 수 있다. 권력을 분산시켜 정치의 독점성을 인위적으로 해체하면 대박을 노리고 정치에 뛰어드는 정치적 기회주의자를 줄일 수 있다. 선생님의 주목을 받으려는 초등학생처럼 손을 들고 "저요, 저요" 하는 이들이 있다. 유력 정치인의 눈에 들기 위해 태도를 정하고 매우 과장된 주장을 펼치는 이들이 가끔 있다. 진실과 정답에는 관심이 없고 오직 승자의 편에 서고자 하는 이들이다. 권력이 집중될수록 정치는 이런 자들로 들끓는다. 이들을 욕하기도 어렵다. 커다란 이익의 유혹을 쉽게 뿌리칠 만큼 곧지 못한 우리의 자화상이 어른거리기 때문이다. 정치적 야심가들은 매일 술자리를 가지면서 해결책이 아니라 모이기에만 힘을 쓴다. 친해지기 위한 몸부림이다. 오래 자주 만나야 친해지고 똘똘 뭉칠 수 있으니 틀린 선택은 아니다.

『한비자』에는 학식 높은 자가 처음에는 요리사로 왕을 모셨다는 이야기가 있다. 요리사야말로 왕과 자주 만나 친해질 수 있기 때문이다. 대통령이 수많은 핵심 인사를 좌지우지할 수 있기에 모이기에 힘쓰는 이들을 틀렸다고 꾸짖기는 어렵다. 헌법을 통해 권력을 분산해 승자독식을 줄이면 승자가 추종자 개개인에게 많은 영예와 경제적 혜택 등을 부여하기가 어려워진다. 술자리가 줄어들고 저녁이 있는 삶을 더 많은 이들이 즐길 수 있을 것이다.

둘째, 권력 분산은 엘리트 사이의 다툼을 조장하여 시민의 민주적 개입을 돕는다. 시민의 대리인이 통치하는 대의제 민주주의representative democracy가 불가피하지만 시민들이 대표자를 그림자처럼 감시할 수는 없다. 민주주의에서 시민이 주인이라는 말처럼 애매모호한 말도 없다. 명목상 주인이지만 시민들은 바쁘다. 가끔 광장에 나오는 것으로 충분하다. 모든 열정은 식는다. 사랑도 식지만 정치적 헌신도 식는다. 식어야 정상이다. 그래서 시민들이 광장을 떠난 후를 염려해야 한다. 주인이 주인 노릇을 할 수 없거나 등한시하면 권력을 위임받은 자는 공익이 아니라 편협한 파당적 이익을 추구한다. 대의제 민주주의에서 대리인인 정치인들이 그렇다. 유명한 명언처럼, 선의에 기대하기보다는 악의를 마음대로 행할 수 없도록 막는 편이 훨씬 현실적이고 믿음직스럽다. 권력 분산과 그에 따른 중앙 권력 사이의 수평적 견제는 대표자들이 스스로 감시하도록 조장한다.[182] 이들이 갈등하면서, 알아야 할 중요한 정보가 시민들에게 제공된다. 정보의 문제가 해결되고 광장의 계기가 마련되면, 가끔 시민이 직접 개입한다.[183]

권력을 분산시킬수록 감시와 통제가 용이할 뿐 아니라 엘리트의 야합이 어려워지니 좋다. 세상의 진보는 소수의 선의로 이루어지지 않는다. 오히려 그렇게 착하지 않은 사람들이 서로 싸우는 과정에서 의도치 않게 공익이 발생한다. 자신이 미워하는 적을 처벌하기 위해 법에 의거rule by law한다. 그리고 상대도 나중에 기회가 왔을 때 법의 이름으로 상대를 공격한다. 분명 누구도 자신의 권력이 법의 제한을 받아야 한다는 법치rule of law를 진심으로 믿는다고 보기는 어렵다. 내면적 진정성과 상관없이 치고받는 싸움의 결과, 사회는 법치에 더욱 가까워진다.[184] 시민들은 굿이나 보고 떡이나 먹으면 된다.

권력 분산과 함께 언론, 집회, 결사의 자유를 심화해야 한다. 민주주의의 초석인 활발한 광장정치에는 자유로운 소통이 결정적이다. 소통이 얼마나 위력적인지는 역설적이게도 북한이 보여주고 있다. 북한에서는 어떠한 소통도 금지된다. 김정은의 고모부인 장성택의 죄목 중 하나가 건성으로 박수를 친 일이었다. 공개적으로 수령의 존엄을 훼손한 용서할 수 없는 행동인 것이다. 졸아서도 안 된다. 북한에서 낙서를 보기는 매우 힘들 것이다. 공개적으로 표현되는 사소한 실수도 목숨을 위협한다. 아무리 사소할지라도 관찰 가능한 공개적 불손을 수령은 가장 두려워한다. 소통은 무리를 모으고 광장을 만든다. 반대로 소통이 없으면 광장도 없다. 광장 없이 민주주의는 없다.

우리의 광장을 지키기 위해 우리는 정치 권력이 이단자

를 처벌하지 못하도록 막아야 한다. 이들과 다툴 수 있지만 이들을 없애겠다는 시도는 막아야 한다. 그에게 동의하지 않지만 그가 말할 권리를 빼앗는 자에 맞서 싸운다는 멋진 말이 있지 않은가? 관용은 이단자만을 위한 것이 아니다. 솔로몬 애쉬Solomon Asch의 실험이 증명하듯 다수의 압력이 작동할 때 우리는 자신의 눈마저 믿지 못한다. 하지만 전체의 엉뚱한 답변에 따르지 않고 어쩌면 더 엉뚱하게 말하는 한 사람만이라도 있으면 실험 참가자는 자기가 본 대로 답한다.[185] 세 사람이 모여 호랑이 하나를 만들어낼 수 있지만 네 번째 사람이 아니라고 하면 왕이 호랑이를 믿지 않을 이치이다. 우리가 인간적으로 성숙해서 참을성을 높여야 한다는 말이 아니다. 얼토당토않은 주장을 참는 이유는 다수의 어리석음을 간파한 소수가 자신의 의견을 당당히 표현할 수 있는 환경을 만들어주기 위해서이다. 불편하지만 참는다.[186]

민주주의에서 언론, 출판, 집회, 결사의 자유가 근본적인 이유가 여기에 있다. 대체로 여론을 선도하는 자는 소수이다. 이슈에 따라서는 극소수일 수도 있다. 세상의 빛과 소금이 되는 소수의 깨어 있는 자들에게 행동으로 나설 용기를 주려면 우리는 언론, 집회, 결사의 자유를 근본으로 앞세워야 한다.

언론의 자유를 억압하는 어떠한 세력과도 타협해선 안된다. 정치적 편의에 따라 억압 세력과 손을 잡을 유인은 시시때때로 찾아온다. 독일에서 정치적으로 궁색한 처지에 몰린 우파는 좌파에게 권력을 양보하는 대신 히틀러와 그의 추종 세력을 끌어들여 권력을 유지하려 했다. 히틀러를 불러들인 결과는 치명적이었다. 유럽의 다른 우파 세력은 독일과 다른 선택을 했고, 민주주의를 지킬 수 있었다.[187)

정치는 싸움이고, 싸움의 목적은 승리이다. 그러나 처음부터 정치를 직업으로 삼는 이가 아니라 더 나은 세상을 위해 광장에 나선 이라면, 비판적이고 균형 잡힌 시각이 필요하다. 대의를 위해 싸우고자 하는 자는 자신의 선택과 주장이 가져올 결과를 요모조모 따질 수 있어야 한다. 토머스 셸링은 경고하고 있다. 우리의 마음을 후벼 파는 어린아이 한 명의 불행을 살피기 위해 많은 예산과 기부금이 한쪽으로 쏠린다. 그런데 우리는 우리의 인도주의적 선택의 비극적 결과를 확인할 수 없다. 예방의료 분야의 예산이 삭감되어 우리가 알지 못하는 더 많은 이들이 어딘가에서 죽어간다. 지금 당장 죽어가는 아이의 얼굴이 우리를 더 아프게 하니 도리가 없다.

바다 너머에서 토마호크 미사일을 발사하여 이라크 민간인이 다수 사망했다고 해서 스위치를 누른 병사가 자살

할 만큼 커다란 심적 고통을 느끼지 않는 노릇과 비슷하다. 자신의 손으로 직접 누군가의 심장에 칼을 꽂거나 얼굴을 보면서 총을 쏘지 않는 이상 감정을 불러일으키는 뇌의 영역은 활성화되지 않는다.[188] 이러한 인간적인 한계가 있기에 더더욱 심사숙고할 필요가 있다. 과연 우리는 정말로 중요한 문제를 가지고 싸우고 있는가? 통계에 둔감하고 기회비용을 쉽게 계산해내지 못하는 우리의 인지적 약점을 숙지해야 한다.

다시 공자를 상기하자. 「미자微子」 편에서 제자를 타이르는 공자는 개혁을 포기하지 않았다. 안 되는 일을 굳이 하려는 자라는 조롱에도 공자는 사람이 사람과 있어야지, 어찌 들짐승, 새들과 어울리겠느냐며 제자에게 반문한다. 그런 공자의 『논어』 첫 문장은 '학이시습지'이다. 배우고 익히라고 말한다. 사랑하라, 정의를 세우라 등의 어떤 거창한 목표 혹은 당위를 내세우지 않는다. '학이시습지'를 "사람이 도를 넓히지, 도가 사람을 넓히지 않는다"라는 언명과 연결하면 새삼스럽다. 이데올로기를 피하고 올바른 해결책을 찾아내기 위해 쉼 없이 공부하라는 뜻인 듯하다.

공자는 배우고 가르치다 늙는 줄 모른 사람으로 자신을 정의한다. 개혁을 위한 탐구 속에서 시간의 흐름을 잊어버린 공자의 몰입flow이 느껴진다. 개혁을 위한 정치에 나서면서 공자는 여전히 파당을 짓지 말고 편협한 이해로 뭉치지 말라고 가르친다. 정치 논리가 우리를 소인으로 만들어버릴 수 있음을 늘 상기하면서 낙관적 태도를 잃지 말고 승리를 구하는 전략을 모색하자.

주석

1) 정치를 길거리 싸움으로 정의한 고전적 논의로 Elmer E. Schattsch neider, *The Semisovereign People: A Realist's View of Democracy in America*(Belmont, California: Wadsworth Publishing, 1975) 참조. 권력의 차이와 비율 중 무엇을 선택하는가에 따라 권력 투쟁에 대한 예상이 달라진다. 이에 대한 논의로는 Jack Hirschleifer, *The Dark Side of Fo rce*(Cambridge: Cambridge University Press, 2001) 참조. 승자독식의 시장에서 사소한 능력, 기술, 자산의 차이가 상당히 불평등한 경제적 결과로 이어지는 현상에 대한 체계적인 분석으로는 다음이 있다. Robert Frank and Philp Cook, *The Winner-Take-All Society: Why the Few at the Top Get So Much More Than the Rest of Us*(New York: Penguin Books, 1996).

2) David Easton, *Framework for Political Analysis*(New Jersey: Prentice-Hall, 1965).

3) Douglas North, *Institutions, Institutional Change and Economic Perfor mance*(Cambridge: Cambridge University Press, 1990).

4) Peter T. Leeson, *The Invisible Hook: The Hidden Economics of Pirates* (Princeton: Princeton University Press, 2011).

5)   미국 건국의 아버지들은 자신의 이해가 직접 걸려 있지 않을 때 정의를 추구한다는 인간 본성을 전제로 삼권분립의 타당성을 논하고 있다. Hamilton, Alexander, James Madison, John Jay, *The Federalist Papers: A Collection of Essays Written in Favour of the New Constitution*(Dublin, Ohio: Coventry House Publishing, 2015).

6)   아주 느린 속도지만 인류 사회가 더 나은 방향으로 나아가고 있다는 실증적 주장으로 Steven Pinker, *The Better Angels of Our Nature: Why Violence Has Declined*(New York: Penguin Books, 2012) 참조. 세계가 눈에 띄게 나아지고 있는 현실을 부정하게 만드는 인시 편향에 대한 분석으로 Hans Rosling, Anna Rosling Ronnlund, and Ola Rosling, *Factfulness: Ten Reasons We're Wrong About the World and Why Things Are Better Than You Think*(New York: Flatiron Books, 2018) 참조

7)   Albert-Laszlo Barabasi, *The Formula: The Universal Laws of Success*(New York: Little, Brown and Company, 2018).

8)   Pamela Oliver, Gerald Marwell, Ruy Teixeira, "A Theory of the Critical Mass. I. Interdependence, Group Heterogeneity, and the Production of Collective Action," *The American Journal of Sociology 91*(3)(1985), 522-556.

9)   중용이 작동하는 사회 심리적 현상에 대한 체계적인 논의로 Adam Grant and Barry Schwartz, "Too Much of a Good Thing: The Challenge and Opportunity of the Inverted U." *Perspectives of Psychological Science* 69(1)(2011), 61-76 참조.

10) 장자, 김장환 옮김, 『장자 외편』(을유문화사, 2010).

11) 니콜라 마키아벨리, 강정인·김경희 옮김, 『군주론』(까치, 2012).

12) Malcolm Gladwell, *David and Goliath: Underdogs, Misfits, and the Art of Battling Giants*(New York: Back Bay Books, 2015); Daniel H. Pink, *Drive: The Surprising Truth about What Motivates Us*(New York: Riverhead Books, 1995).

13) 테리 번햄·제이 팰런, 박윤정 옮김, 『비열한 유전자』(너와나미디어, 2003).

14) 경제학 분야에서 체증곡선 문제를 본격적으로 제기한 고전적 연구로 Brian W. Arthur, *Increasing Returns and Path Dependence in the Economy*(Michigan, Ann Arbor: University of Michigan Press, 1994)가 있다.

15) 그렇다고 미래에 대한 계획마저 세우지 말라는 가르침은 아닐 것이라 추측해본다. 꿈은 위험을 감수하고 접근 동기를 강화한다. 하지만 동시에 넌 미래는 우리를 긴장시킨다. 젊은 독재자의 딜레마가 여기에 있다. 나이가 들어서도 권력을 유지할 수 있을지 걱정하며 불안에 빠진 그는 오늘 위험을 감수하는 개혁으로 권력을 위험에 빠뜨릴 수 있다. 또한 젊은 독재자는 살아갈 날이 많이 남았다고 기대하기 때문에 실험정신에 넘쳐 있다고 추정할 수 있다. 미래가 얼마나 남아 있는지에 대한 기대가 모험심에 미치는 영향에 대한 흥미로운 연구로 Brian Christian and Tom Griffiths, *Live by Algorithms: The Computer Science of Human Decisions*(New York: Henry Holt and Co., 2016) 참조.

16) 체증곡선이 보여주는 급작스러운 정치 변동으로 혁명을 들 수 있다. 동유럽 공산정권의 붕괴를 급작스러운 쏠림으로 분석한 연구로 Kuran, Timor, "Now Out of Never: The Element of Surprise in the East Revolution of 1989." *World Politics* 44(1)(1991), 7-48 참조.

17) 토머스 프리드먼, 신동욱 옮김, 『렉서스와 올리브 나무』(창해, 2003).

18) Kevin M. Murphy, Andrei Shleifer, and Robert W. Vishny, "The Allocation of Talent: Implications for Growth." *Quarterly Journal of Economics* 106(2)(1991), 503-530.

19) Sherwin Rosen, "Economics of Superstars." *The American Economic Review* 71(5)(1981), 845-858.

20) 뉴욕시 한 주택가에서 살해당하고 있는 여인을 아무도 돕지 않은 비극적 사건을 도시인의 비인간성이 아니라 목격자의 수를 비롯한 상황적 요인으로 설명하고자 하는 문제의식에서 시작한 고전적 연구인 Bibb Latane and John Darley, "Group Inhibition of Bystander Intervention in Emergencies." *Journal of Personality &Social Psychology* 10(3)(1968), 215-221 참조.

21) 점점 더 많은 이들이 광장으로 모이면서 승리에 대한 확신과 함께 참여자의 내면적 태도 역시 변한다. 막연한 기대는 신념으로 전환되어 참여자들은 더 많은 용기와 헌신을 발휘한다. Michael Biggs, "Positive Feedback in Collective Mobilization: The American Strike Wave of 1886," *Theory and Society* 32(2003), 217-254.

22) 사회적 영향력 등으로 공동체 구성원의 선택이 상호의존적으로 연결된 경우 사회적 현상은 갑자기 많아지거나 줄어든다. 흥미로운 사례로 범죄율의 증감이 비선형적이다. 어지러운 길거리가 강력범죄 발생에 영향

을 미칠 수 있다는 깨진 창문 이론broken window theory이 이를 설명하고 있다. Dan M. Kahan, "Social Influence, Social Meaning, and Deterrence." *Virginia Law Review* 83(2)(1997), 253-323. 실제로 2008년 광우병 소 수입 반대 집회와 2016년 촛불집회 참여자의 수가 변하는 양상에서 체증곡선을 확인할 수 있다.

23) 모든 과거가 경로 의존을 유발하지는 않는다. 어제(과거) 술을 마시고 놀았기 때문에 오늘(현재) 공부하는 것은 차이가 벌어지는 경로의존이 아니다. 오히려 균형점(일정한 수준의 학습량)으로의 수렴이다. Scott Page, *The Model Thinker: What You Need to Know to Make Data Work for You*(New York: Basic Books, 2018).

24) Jonah Berger, *Invisible Influence: The Hidden Forces that Shape Behavior* (New York: Simon & Schuster, 2017).

25) 다수의 선택이 개인의 선택을 크게 좌우하는 선택의 상호의존성을 논의하는 많은 책이 이 실험을 인용하고 있다. Matthew J. Salganik, Peter. Sheridan Dodds, and Duncan. J. Watts. "Experimental Study of Inequality and Unpredictability in an Artificial Cultural Market." *Science* 311(5762)(2006): 854-856.

26) Robert Merton, "Self-fulfilling Prophecy." *The Antioch Review* 8(2) (1948), 193-210.

27) '공동'이라는 용어를 쓰는 이유는 공유지식shared knowledge과 공동지식을 구분하기 위해서이다. 공유지식의 한 예로 나의 사적 신념을 상대가 알고 있음을 내가 알지만 내가 알고 있음을 상대가 모르는 경우를 들 수 있다. 이 경우 이타주의altruism와 구분되는 상호주의mutualism 협동(조정)은 자주 실패한다. 얼핏 유사해 보이는 공동지식과 공유지식의 차이를 우리가 직감적으로 구별하고 있음을 증명하는 실험으로 Kyle A. Thomas, Peter DeScioli, Omar Sultan Haque, and Steven Pinker, "The Psychology of Coordination and Common Knowledge." *Journal of Personality and Social Psychology* 107 (4)(2014), 657-676 참조.

28) 인민민주의가 아니라 선거민주주의가 민주 정부의 해결책임을 공동지식의 관점에서 다룬 연구로 James Fearon, "Self-Enforcing Democracy." *The Quarterly Journal of Economics* 126(4)(2011), 1661-1708 참조. 조정게임과 공동지식을 통해 일상을 흥미롭게 분석한 연구로 David Lewis, *Convention*(Cambridge: Harvard University Press, 1969); Steven Pinker, *Stuff of Thought: Language as a Window into Human Nature*(New York: Penguin Books, 2008) 참조.

29) Thomas Schelling, *The Strategy of Conflict*(Cambridge: Harvard University Press, 1960).

30) Steven Pinker, Martin Nowak, James Lee, "The Logic of Indirect Speech." *PNAS* 105(3)(2008), 833-838.

31) 미셸 푸코, 오생근 옮김, 『감시와 처벌』(나남, 2016).

32) Thomas Schelling, *Micromotives and Macrobehavior*(New York: W. W. Norton & Company, 1978).

33) Dale T. Miller, Benoit Monin, and Deborah A. Prentice, "Pluralistic Ignorance and Inconsistency Between Private Attitudes and Public Behaviors." in Deborah Terry(ed.). *Attitudes, Behavior, and Social Context: The Role of Norms and Group Membership*(Mahwah, NJ: Lawrence Erlbaum Associates, 2000).

34) Seth Stephens-Davidowitz, *Everybody Lies: Big Data, New Data, and What the Internet Can Tell Us About Who We Really Are*(New York: Dey Street Books. 2017).

35) Michael Suk-Young Chwe, *Rational Ritual: Culture, Coordination, and Common Knowledge*(Princeton: Princeton University Press, 2001).

36) Russell Hardin, "Why a Constitution?" in Bernard Grofman and David Wittman(eds.), *The Federalist Papers and the New Institutionalism*(New York: Agathon Press, 1989).

37) Russell Hardin, *One for All*(Princeton: Princeton University Press, 1996).

38) Thomas Schelling, *The Strategy of Conflict*(Cambridge: Harvard University Press, 1960).

39) 집단적 선택뿐 아니라 개인의 독립적인 선택에서도 우리는 강한 현상 유지 편향을 보인다. 그 이유는 얻는 기쁨보다 잃는 슬픔이 더 크기 때문이다. 많은 개인적 선택에서 하나를 얻기 위해 하나를 포기해야 하는 상쇄tradeoff가 불가피하다. 새로운 대안이 상실의 고통을 충분히 넘어설 만큼 매력이지 않으면 기존의 선택에 머문다. Daniel Kahneman and Amos Tversky, *Choices, Values, and Frames*(Cambridge: Cambridge University Press, 2000).

40) 조정게임의 관점에서 문화의 우연성과 현상유지 편향을 다룬 연구로 Avner Grief, *Institutions and the Path to the Modern Economy*(New York:

Cambridge University Press, 2006); Roger Myerson, "Learning from Schelling's Strategy of Conflict." *Journal of Economic Literature* 47(4) (2009), 1109-1125 참조.

41) Daron Acemoglu and James A. Robinson, *Why Nations Fail: The Origins of Power, Prosperity, and Poverty*(New York: Currency, 2013).

42) Andrei Shleifer and Robert W. Vishny, "Corruption." *Quarterly Journal of Economics* 108 (3)(1993), 599-617.

43) 영토의 크기에서 발생하는 비용과 편익은 역사적 조건에 큰 영향을 받는다. 비용과 편익의 관점에서 영토의 크기를 본격적으로 다룬 연구서로 Alberto Alesina and Enrico Spolaore, *The Size of Nations*(Cambridge: MIT Press, 2003) 참조.

44) 지배의 한계비용과 편익으로 민주화와 민주주의를 다룬 연구로 Daron Acemoglu and James A. Robinson, *Economic Origins of Dictatorship and Democracy*(Cambridge: Cambridge University Press, 2005); Cales Boix, *Democracy and Redistribution*(Cambridge: Cambridge University Press, 2003) 참조.

45) James Fearon, "Rationalist Explanations for War." *International Organization* 49(3)(1995), 379-414.

46) 이솝, 천병희 옮김, 『이솝우화』(숲, 2013).

47) 멕시코 권위주의 지배 세력이 오랫동안 패권적 지위를 유지하기 위해 취한 다양한 제도와 정치적 선택에 대해서 Beatriz Magaloni, *Voting for Autocracy*(Cambridge: Cambridge University Press, 2009) 참조.

48) 승산에 따른 정치 세력의 이합집산이 구소련 지역 국가들에서 일어난 정치 변동의 주된 원인이라는 주장으로 Henry E. Hale, "Regime Cycles : Democracy, Autocracy, and Revolution in Post-Soviet Eurasia." *World Politics* 58(1)(2005), 133-165 참조.

49) 우리는 익숙한 대상에 대해 자신이 '실제 이상으로 알고 있다는 착각 illusion of knowledge'에 빠져 있다. 학생들에게 자전거 그림을 그려 보라고 하면 앞바퀴와 뒷바퀴를 체인으로 연결한다. 그런 자전거는 핸들을 돌릴 수 없다. 이러한 착각에 대해서 Christopher Charis and Daniel Simons, *The Invisible Gorilla*(New York: Broadway Paperbacks, 2009) 참조.

50) Max Weber, "Politics as Vocation." in H.H. Gerth and C. Wright

Mills(Translated and edited). *From Max Weber: Essays in Sociology*(New York: Oxford University Press, 1946).

51) Michael Mauboussin, *The Success Equation: Untangling Skill and Luck in Business, Sports, and Investing*(Cambridge: Harvard University Press, 2012).

52) 한비, 이운구 옮김, 『한비자』(한길사, 2012).

53) Sarah Lichtenstein and Paul Slovic, *The Construction of Preference* (Cambridge: Cambridge University Press, 2006).

54) Dean Burnett, *Idiot Brain: What Your Head Is Really Up To*(New York: W. W. Norton & Company, 2017).

55) 최인철, 『프레임: 나를 바꾸는 심리학의 지혜』(21세기북스, 2016).

56) Adam Grant, *Originals: How Non-Conformists Move the World*(New York: Penguin Books, 2016).

57) Gorge A. Akerlof, "The Market for 'Lemons': Quality Uncertainty and the Market Mechanism." *Quarterly Journal of Economics* 84(3)(1970), 488-500.

58) Thomas Schelling, *Micromotives and Macrobehavior*(New York: W.W. Norton & Company, 1978).

59) 이 경우는 지진을 닮았다. 대지진은 이미 급변 사태가 일어날 조건이 충분히 성숙한 상황인 자가-임계상태self-criticality에서 사소한 충격으로 발생한다. Mark Buchanan, *Ubiquity: Why Catastrophes Happen*(New York: Three Rivers Press, 2000); Scott Page, *The Model Thinker: What You Need to Know to Make Data Work for You*(New York: Basic Books, 2018).

60) Timur Kuran, *Private Truths, Public Lies*(Cambridge: Harvard University Press, 1995).

61) Robert Pape, *Dying to Win: The Strategic Logic of Suicide Terrorism* (New York: Random House, 2006). 최근 IS와 연계된 자살 테러를 자행하는 자들은 이전과 달리 외로운 늑대에 부합한다. 최근의 테러 조직의 행태에 대해서는 Marc Sageman, *Leaderless Jihad*(Pennsylvania: University of Pennsylvania Press, 2008) 참조.

62) 승리를 눈앞에 둔 상태에서 손실에 대한 두려움을 일깨우는 등 상황에 따른 다양한 동기부여에 대한 논의로 Adam Grant, *Originals: How*

Non-Conformists Move the World(New York: Penguin Books, 2016) 참조. 예를 들어 개혁과 변화를 주저하는 이들에게는 소위 사전 부검pre-mortem을 실시하여 행동하지 않을 때 일어날 위험을 분명히 느끼게 할 수 있다.

63) Simon Sinek, *Start with Why: How Great Leaders Inspire Everyone to Take Action*(New York: Portfolio, 2011).

64) 광장의 이름이 중요하다. 아이의 이름을 지을 때 부모는 신중하다. 심지어 나중에 개명하기도 하고 작명소 등을 찾기도 한다. 하지만 사실 개인의 이름에서 우리가 무엇을 느끼기는 힘들다. 그래서인지 나이가 들면 우리는 많은 시간을 함께한 이전 동료의 이름을 기억하지 못해 곤혹을 치르곤 한다. 이름과 달리 우리는 몇 번 만나지 않은 이의 얼굴은 멀리서도 바로 알아본다. 그만큼 얼굴을 보면 틀리든 맞든 우리는 개인에 대해 많은 것을 느낄 수 있다. 광장의 이름이 곧 얼굴이다. 지향하는 가치와 목표를 느낄 수 있도록 지어야 한다. 작명과 관련해서는 마케팅 연구에서 도움을 얻을 수 있다. 브랜딩에 대한 포괄적인 논의로 Rory Sutherland, *Alchemy: The Dark Art and Curious Science of Creating Magic in Brands, Business, and Life*(New York: William Morrow, 2019) 참조.

65) 이 경우는 전파에 해당한다. 전파와 전염을 구분하여 확산 양상을 논의하는 연구로 Scott Page, *The Model Thinker: What You Need to Know to Make Data Work for You*(New York: Basic Books, 2018) 참조.

66) Dan Ariely, *Predictably Irrational*(New York: Harper, 2008).

67) 공동체 관계와 교환 관계의 차이를 일목요연하게 정리한 Margaret S. Clark and Judson Mills, "Interpersonal Attraction in Exchange and Communal Relationships." *Journal Of Personality and Social Psychology* 37(1979), 12-24 참조.

68) Judith B. White and Ellen J. Langer. 1999. "Horizontal Hostility: Relations Between Similar Minority Groups." *Journal of Social Issues* 55: 537-559.

69) Johah Berger, *Invisible Influence: The Hidden Forces that Shape Behavior* (New York: Simon & Schuster, 2017).

70) 이 흥미로운 주장을 소개하는 책 Jonah Berger, *Invisible Influence: The Hidden Forces that Shape Behavior*(New York: Simon & Schuster, 2017) 참조.

71) Kaare Strom, "A Behavioral Theory of Competitive Political Parties."

American Journal of Political Science 34(2)(1990), 565-598.

72) Steven Levitt and Stephen Dubner, *Think Like a Freak*(New York: William Morrow, 2015).

73) 임원빈, 『이순신 병법을 논하다: 그는 군신이었다』(신서원, 2005).

74) 이영직, 『란체스터의 법칙』(청년정신, 2002).

75) 이 용어는 다음의 책에서 인용했다. 박정훈, 『약자들의 전쟁법』(어크로스, 2017).

76) 간디의 승리와 만화 주인공의 예는 Srdja Popovic, *Blueprint for Revolution: How to Use Rice Pudding, Lego Men, and Other Nonviolent Techniques to Galvanize Communities, Overthrow Dictators, or Simply Change the World*(New York: Spiegel & Grau, 2015)에서 인용.

77) 유명한 베이지 정리Bayes' Theorem로 이를 이해할 수 있다. 새로운 승리의 경험으로 승산이 업데이트된다고 볼 수 있다.

78) Liddell Hart, *Strategy*(New York: BN Publishing, 2009).

79) 가젤과 펭귄의 예는 박정훈, 『약자들의 전쟁법』(어크로스, 2017)에서 인용했다.

80) 이 대결에 대한 상세한 묘사와 설명으로 Malcolm Gladwell, *David and Goliath: Underdogs, Misfits, and the Art of Battling Giants*(New York: Back Bay Books, 2015) 참조.

81) Michael Mauboussin, *The Success Equation: Untangling Skill and Luck in Business, Sports, and Investing*(Cambridge: Harvard University Press, 2012).

82) Malcolm Gladwell, *David and Goliath: Underdogs, Misfits, and the Art of Battling Giants*(New York: Back Bay Books, 2015).

83) 2016년 겨울의 촛불시위는 목표가 명확했고 편협하지 않았다. 월스트리트를 점령하라는 미국의 광장정치는 다소 허무하다. 투쟁 전술이 전략을 대치해버렸다. 청와대 진군이나 포위는 전술이지, 목표가 아니다. 한국의 촛불집회는 전략과 전술 모두 훌륭한 사례이다. 그리고 무엇보다 제때 승리를 선언했다. 톈안먼 시위에서 중국의 대학생들은 공산당의 양보를 바로 받아 승리를 선언하고 후일을 도모했어야 했다. 촛불시위에 대한 필자의 평가는 다양한 시위의 기술을 구체적으로 다루고 있는 Srdja Popovic, *Blueprint for Revolution: How to Use Rice Pudding, Lego Men, and Other Nonviolent Techniques to Galvanize Communities, Over-*

throw Dictators, or Simply Change the World(New York: Spiegel & Grau, 2015) 참조.

84) Douglass North and Barry Weingast, "Constitutions and Commitment: The Evolution of Institutions Governing Public Choice in Seventeenth-Century England." *Journal of Economic History* 49(4)(1989), 803-832.

85) 삼진 아웃제 등 강력한 처벌 제도를 채택한 미국의 여러 주에서 범죄율이 오히려 증가하는 현상이 나타났다. 이는 가족 부양자가 수감된 후 남겨진 가족들 때문에 벌어진 사태이다. 성인 남자가 감옥에 들어가버리면서 남은 가족들은 사회경제적 어려움을 겪고 자식들이 범죄를 저지르게 된다. Malcolm Gladwell, *David and Goliath: Underdogs, Misfits, and the Art of Battling Giants*(New York: Back Bay Books, 2015).

86) 관찰 가능성을 높이기 위한 다양한 노력의 예를 포괄적으로 소개하는 책으로 Jonah Berger, *Contagious: Why Things Catch on*(New York: Simon & Schuster, 2013) 참조.

87) Alexis De Tocqueville, *The Old Regime and the Revolution*(New York: Harper and Brothers, 1856).

88) James C. Davies, "Toward a Theory of Revolution." *American Sociological Review* 27(1)(1962), 5-19.

89) 이솝, 천병희 옮김, 『이솝우화』(숲, 2013).

90) 니콜라 마키아벨리, 강정인·김경희 옮김, 『군주론』(까치, 2012).

91) 독재정치에서 군부독재의 불안정성에 대한 이론적인 설명으로 Bueno de Mesquita, Bruce, Alastair Smith, Randolph M. Siverson James D. Morrow, *The Logic of Political Survival*(Cambridge: MIT Press, 2003) 참조.

92) 독재정치에서는 보상의 약속을 왕건처럼 혼인으로 해결하기보다는 집단적 의사결정 제도를 통해 주로 해결한다. 이에 대한 논의로 Roger Myerson, "The Autocrat's Credibility Problem and Foundations of the Constitutional State." *American Political Science Review* 102(1)(2008), 125-139 참조.

93) Roy F. Baumeister, Ellen Bratslavsky, Catrin Finkenauer, Kathleen D. Vohs, "Bad Is Stronger Than Good." *Review of General Psychology* 5(4)(2001), 323-370.

94) Robert Axelord, *The Evolution of Cooperation*(New York: Basic Books, 1984).

95) 마이클 샌델, 김명철 옮김, 『정의란 무엇인가?』(와이즈베리, 2014).

96) Erving Goffman, *The Presentation of Self in Everyday Life*(Norwell, MA : Anchor, 1959).

97) David Eagleman, *Incognito: The Secret Lives of the Brain*(New York: Vintage, 2012); David Eagleman, *The Brain: the Story of You*(New York: Vintage, 2017).

98) Jonathan Haidt, *The Happiness Hypothesis: Finding Modern Truth in Ancient Wisdom*(New York: Basic Books, 2006).

99) Steven Pinker, *Stuff of Thought: Language as a Window into Human Nature*(New York: Penguin Books, 2008).

100) Robert B. Cialdini, *Influence: The Psychology of Persuasion*(New York: Harper Business, 2006).

101) George Lakoff, *Don't Think of an Elephant!: Know Your Values and Frame the Debate-The Essential Guide for Progressive*(Chelsea: Green Publishing, 2004)

102) Robert Kurzban, *Why Everyone (else) Is a Hypocrite*(Princeton: Princeton University Press, 2010).

103) 이솝, 천병희 옮김, 『이솝우화』(숲, 2013).

104) Jonah Berger, *Invisible Influence: The Hidden Forces that Shape Behavior*(New York: Simon &Schuster, 2017).

105) Albert-Laszlo Barabasi, *The Formula: The Universal Laws of Success* (New York: Little, Brown and Company, 2018).

106) Gérard Roland, *Transition and Economics: Politics, Markets, and Firms*(Cambridge: The MIT Press, 2004).

107) Kevin Murphy, Andrei Shleifer, and Robert Vishny, "The Transition to a Market Economy: Pitfalls of Partial Reform." *Quarterly Journal of Economics* 107(3)(1992), 889-906.

108) Steven Solnick, *Stealing the State: Control and Collapse of Soviet Institutions*(Cambridge: Harvard University Press, 1998). 여기에 더해 고르바초프의 전략적 줄타기와 기회주의의 실패에 대한 연구로 Philip Roeder,

Red Sunset: the Failure of Soviet Politics(Princeton: Princeton University Press, 1993) 참조.

109) 1997년 서울에서 출발해 괌에 도착할 예정인 대한항공 801편이 산 중턱에 부딪혀 탑승객과 승무원 229명이 사망한 대형 참사 역시 사소한 문제들이 동시에 일어났기 때문이다. 폭우가 오지 않았다면, 공항의 활공각 지시기가 고장 나지 않았다면, 부기장이 기장에게 위험을 더 직접적으로 전달했다면, 등 평소에는 무시했을 사소한 문제가 중첩적으로 발생했고, 비극이 일어났다. 이에 대한 자세한 묘사로 Malcolm Gladwell, *Outliers*(New York: Back Bay Books, 2011) 참조.

110) 오늘까지 기다렸다는 하나의 경험으로부터 우리는 얼마나 더 기다려야 하는지를 판단한다. 사건이 얼마나 (불)규칙적으로 일어나는가에 대한 개인의 믿음이 인내심에 영향을 미친다는 흥미로운 논의로 Brian Christian and Tom Griffiths, *Live by Algorithms: The Computer Science of Human Decisions*(New York: Henry Holt and Co., 2016) 참조.

111) Albert-Laszlo Barabasi, *The Formula: The Universal Laws of Success*(New York: Little, Brown and Company, 2018)에서도 비슷한 공식을 제시하고 있다. 그의 공식은 확률이 일정하다고 가정하고 있다. 이 경우 얼마나 많이 시도하는가가 성공의 전체 값을 결정한다. 필자는 목표의 종류에 따라 좀더 용감해지는 등 위험 감수를 통해 성공 확률을 다소 올릴 수 있다고 생각한다.

112) 독재정치에서 2인자의 위험성에 대한 고전적 논의로 Gordon Tullock, *Autocracy*(Boston: Kluwer Academic Publish, 1987) 참조.

113) 한병진, "한국 선거권위주의의 정치동학." 『대한정치학회보』 17(3) (2010), 265-286쪽.

114) Thomas Schelling, *The Strategy of Conflict*(Cambridge: Harvard University Press, 1960).

115) Gary Cox, *Making Vote Count*(New York: Cambridge University Press, 1997).

116) 한병진·임석준, "조정, 독재권력 형성과 변동의 미시적 기초." 『현대정치연구』 7(1)(2014), 142-163쪽.

117) Robert Pape, *Dying to Win: The Strategic Logic of Suicide Terrorism*(New York: Random House, 2006).

118) Vladimir Nahirny, "Some Observations on Ideological Groups." *Journal*

of American Sociology 67(4)(1962), 397-405.

119) 로마 시대 철학자 세네카의 유명한 이야기는 Nassim Taleb, *The Black Swan: The Impact of the Highly Improbable*(New York: Random House, 2007)에서 재인용했다.

120) Dan Ariely, *Predictably Irrational*(New York: Harper, 2008).

121) 행위가 태도를 변경하는 방식에 대한 두 가지 상이한 이론을 일목요연하게 소개한 책으로 David Myers, *Social Psychology*(New York: Mc-Graw-Hill Education, 2012) 참조.

122) Cass Sunstein, *Going to Extremes: How Like Minds Unite and Divide*(New York: Oxford University Press, 2009).

123) Cass Sunstein, *Conformity: The Power of Social Influences*(New York: NYU Press, 2019).

124) David Myers, *Social Psychology*(New York: McGraw-Hill Education, 2012).

125) 인仁에 대한 위의 정의는 Michael Puett and Christine Gross-Loh, *The Path: What Chinese Philosophers Can Teach Us about the Good Life*(New York: Simon & Schuster, 2016) 참조.

126) 오류투성이의 확률적 사고에 대한 다양한 예는 다음에서 볼 수 있다. Leonard Mlodinow, *The Drunkard's Walk: How Randomness Rules Our Lives*(New York: Vintage, 2009); Charles Wheelan, *Naked Statistics: Stripping the Dread from the Data*(New York: W. W & Norton, 2014).

127) 버나드 마넹, 곽준현 옮김, 『선거는 민주적인가』(후마니타스, 2004).

128) 새옹지마를 영어로는 "good thing? bad thing? Who knows?"로 표현할 수 있다. 개인이 도저히 통제할 수 없을 정도로 복잡한 인생사에서 행운이 불행으로, 불운이 행복으로 반전에 반전을 거듭한다는 논의로 Raj Raghunathan, *If You'Re So Smart, Why Aren't You Happy?*(New York: Portfolio, 2016) 참조. 이 책에서 저자는 목표 달성 혹은 실패 다음에 어떤 일이 있을지 모르니, 실패와 성공에 너무 집착하지 말고 과정을 즐기라는 실천적 지침을 제시하고 있다.

129) Mark Manson, *The Subtle Art of Not Giving a F*ck: A Counterintuitive Approach to Living a A Good Life*(New York: Harper, 2016).

130) 클레이 서키, 송연석 옮김, 『끌리고 쏠리고 들끓다』(갤리온, 2008).

131) Daron Acemoglu and James A. Robinson, *Why Nations Fail: The Origins of Power, Prosperity, and Poverty*(New York: Currency, 2013).

132) Albert Hirschman, *Exit, Voice and Loyalty: Responses to Decline in Firms, Organizations, and States*(Cambridge: Harvard University Press, 1972).

133) Charles M. Tiebout, "A Pure Theory of Local Expenditures." *The Journal of Political Economy* 64(5)(1956), 416-424.

134) 싸움의 전염성으로 민주주의 정치를 논의하는 고전으로 Elmer E. Schattschneider, *The Semisovereign People: A Realist's View of Democracy in America*(Belmont, California: Wadsworth Publishing, 1975) 참조.

135) Christopher Charis and Daniel Simons, *The Invisible Gorilla*(New York: Broadway Paperbacks, 2009).

136) Sherwin Rosen. "Economics of Superstars." *The American Economic Review* 71(5)(1981), 845-858.

137) 실력이 비슷할 경우 운이 결정적이라는 점을 간단한 모델로 쉽게 설명해주는 논의로 Robert H. Frank, *Success and Luck: Good Fortune and the Myth of Meritocracy*(Princeton: Princeton University Press, 2016) 참조.

138) Philip Zimbardo, *The Lucifer Effect*(New York: Random House, 2007).

139) Dan Ariely and Jeff Kreisler, *Dollars and Sense: How We Misthink Money and How to Spend Smarter*(New York: Harper, 2017).

140) Richard H. Thaler, *Misbehaving: The Making of Behavioral Economics* (New York: W.W. Norton & Company, 2015).

141) 폭력에 대한 흥미로운 경제학적 분석으로 Jack Hirshleifer, *The Dark Side of Force*(Cambridge: Cambridge University Press, 2001) 참조.

142) 전쟁과 국가 건설에 대한 고전적 연구로 Charles Tilly, *From Mobilization to Revolution*(Reading, MA: Addision-Wesley, 1978) 참조.

143) 국가 재정이 국가 건설에 미치는 영향에 대한 연구로 Robert Bates, Avner Greif and Smita Singh, "Organizing Violence." *The Journal of Conflict Resolution* 46(5)(2002), 599-628; William Reno, "Mafiya Troubles, Warlord Crises." In Mark R. Bessinger and Crawford Young(eds.), *Beyond State Crisis*(Washington, D.C.: Woodrow Wilson Center Press, 2002) 참조.

144) Macur Olson, "Dictatorship, Democracy, and Development." *The Ameri-*

can Political Science Review 87(3)(1993), 567-576.

145) Andrei Shleifer and Robert W. Vishny, "Corruption." *Quarterly Journal of Economics* 108 (3)(1993), 599-617.

146) 시민의 조정이 국가 권력을 제한하는 원천임을 밝히는 분석적인 연구로 다음이 있다. Barry Weingast, "The Foundations of Democracy and Rule of Law." *American Political Science Review* 91(2)(1997), 245-263.

147) Milan W. Svolik, *The Politics of Authoritarian Rule*(Cambridge: Cambridge University Press, 2012).

148) Ronald Wintrobe, *The Political Economy of Dictatorship*(Cambridge: Cambridge University Press, 1998).

149) 인생뿐이랴. 서울이라는 도시를 건설하는 데는 천문학적 돈이 투입되었다. 하지만 이 도시를 파괴하는 데 드는 포탄의 비용은 허망할 정도이다. 건설과 파괴의 비대칭성이다. Thomas Schelling, *Arms and Influence: With a New Preface and Afterword*(New Haven: Yale University Press, 2008). 호전적인 후금이 군사적으로 압박하자, 당시 지구 최고의 문명국이었던 송은 전쟁 대신 조공을 바쳤다. 전성기 송나라가 마음먹고 후금과 싸운다면 후금을 혼낼 수 있었다. 그런데 전쟁으로 발생하는 피해는 조공보다 훨씬 크다. 송은 후금에 조공을 보내는 쪽이 수지타산이 맞는다고 판단했기에 조공 평화를 채택했다. Stergio Skaperdas, "Anarchy." in Barry Weingast and Donald Wittman(eds.), *The Oxford Handbook of Political Economy*(Oxford: Oxford University Press, 2006).

150) David Hume, *Political Essays*(New York: Cambridge University Press, 1748).

151) 한병진, "개인독재의 가설."『대한정치학회보』 23권 2호(2015), 27-46쪽.

152) 권헌익·정병호,『극장국가 북한』(창작과비평사, 2013)

153) Daniel Kahneman, *Thinking, Fast and Slow*(New York: Farrar, Straus and Giroux, 2011); Ziva Kunda, *Social Cognition: Making Sense of People*(Cambridge: MIT Press, 1999).

154) Richard E. Nisbett, *The Geography of Thought: How Asians and Westerners Think Differently ... and Why*(New York: Free Press, 2004).

155) 라종일,『장성택의 길: 신정의 불온한 경계인』(알마, 2017).

156) 영국의 철학자 데이비드 흄의 이야기는 Nassim Taleb, *The Black Swan: The Impact of the Highly Improbable*(New York: Random House, 2007)

재인용.

157) 잡혀가는 전쟁영웅과 딸의 모습은 니키타 미할코프 감독의 영화 〈위선의 태양Burnt by the Sun〉의 마지막 장면이다.

158) Daniel Gilbert, "How Mental Systems Believe." *American Psychologist* 46(2)(1991), 111-119.

159) 확증편향을 다양한 각도에서 논의하는 입문서로 Michael Shermer, *The Believing Brain: From Ghosts and Gods to Politics and Conspiracies: How We Construct Beliefs and Reinforce Them as Truths*(New York: St. Martin's Griffin, 2012) 참조.

160) 엘리트를 합리적 행위자로 가정하는 경제학자들은 주로 선견지명과 회의적 태도를 바탕으로, 불안한 엘리트의 선제공격 가능성을 매우 높게 본다. Roger B. Myerson, "The Autocrat's Credibility Problem and Foundations of the Constitutional State." *American Political Science Review* 102(1)(2008), 125-139.

161) 태영호, 『3층 서기실의 암호』(기파랑, 2018).

162) Rolf Dobelli, *The Art of Thinking Clearly*(New York: Harper, 2014).

163) Jonah Berger, *Contagious: Why Things Catch on*(New York: Simon & Schuster, 2013).

164) Richard H. Thaler, *Misbehaving: The Making of Behavioral Economics* (New York: W.W. Norton & Company, 2015).

165) Daniel Kahneman, *Thinking, Fast and Slow*(New York: Farrar, Straus and Giroux, 2011)

166) 집단행동의 딜레마를 본격적으로 파헤치고 이를 국가의 흥과 쇠에 적용한 고전적 연구로 Mancur Olson, *The Rise and Decline of Nations: Economic Growth, Stagflation, and Social Rigidities*(Connecticut: Yale University Press, 1984) 참조.

167) 니콜라 마키아벨리, 강정인·김경희 옮김, 『군주론』(까치, 2012).

168) Paul Pierson, "Increasing Returns, Path Dependence, and the Study of Politics." *American Political Science Review* 94(2)(2000), 251-267.

169) 류시화, 『인생 우화』(연금술사, 2018).

170) Scott Adams, *Win Bigly: Persuasion in a World Where Facts Don't Matter* (New York: Portfolio, 2018). 놀라움의 원인은 많은 미국 시민이 트럼

프를 드러내놓고 지지하지 않는 위선 때문이다. 이에 대한 연구로 Seth
Stephens-Davidowitz, *Everybody Lies: Big Data, New Data, and What
the Internet Can Tell Us About Who We Really Are*(New York: Dey Street
Books, 2017) 참조.

171) 서울 광화문 변호사회관 앞의 여신은 눈을 가리고 있지 않다.

172) Bruce Ackerman, *We the People: Foundations*(New York: Belknap Press,
1993); 한병진, "미국 헌정질서, 법치, 민주주의의 삼위일체: 애커만의 이
중민주주의론을 중심으로." 『대한정치학회보』 14권 3호(2007), 19-37쪽.

173) 베이즈 정리를 오용하는 사례에 대한 논의로 Daniel J. Levitin, *Weap
onized Lies: How to Think Critically in the Post-Truth Era*(New York: Dut-
ton, 2016) 참조.

174) Albert-Laszlo Barabasi, *The Formula: The Universal Laws of Success*(New
York: Little, Brown and Company, 2018).

175) Gary King, Robert Keohane, Sidney Verba, *Designing Social Inquiry*
(Princeton: Princeton University Press, 1994).

176) 이의 대표적인 예로 Richard Thaler and Cass Sunstein, *Nudge: Improv-
ing Decisions about Health and Wealth, and Happiness*(Connecticut: Yale
University Press, 2008) 참조.

177) 이와 관련한 대표적 논의로 기본소득이 있다. 뤼트허르 브레흐만, 안기
순 옮김, 『리얼리스트를 위한 유토피아 플랜: 우리가 바라는 세상을 현
실에서 만드는 법』(김영사, 2017).

178) 최영미, 『서른 잔치는 끝났다』(창작과비평, 2015).

179) Srdja Popovic, *Blueprint for Revolution: How to Use Rice Pudding, Lego
Men, and Other Nonviolent Techniques to Galvanize Communities, Over-
throw Dictators, or Simply Change the World*(New York: Spiegel & Grau,
2015).

180) Juan J. Linz and Alfred Stepan, *Problems of Democratic Transition and
Consolidation: Southern Europe, South America, and Post-Communist Europe*
(Baltimore, Maryland: Johns Hopkins University Press, 1996).

181) 한병진, "한국 선거권위주의의 정치동학." 『대한정치학회보』 17권 3호
(2010), 265-286쪽.

182) Alexander Hamilton, James Madison, John Jay, *The Federalist Papers:
A Collection of Essays Written in Favour of the New Constitution*(Dublin,

Ohio: Coventry House Publishing, 2015).

183) 한병진, "미국 헌정질서, 법치, 민주주의의 삼위일체: 애커만의 이중민주주의론을 중심으로." 『대한정치학회보』 14권 3호(2007), 19-37쪽.

184) Avinash K. Dixit, *Lawlessness and Economics: Alternative Modes of Governance*(Princeton: Princeton University Press, 2004).

185) Solomon Asch, "Opinions and Social Pressure: Conformity Pressure." *Scientific American* 193(5)(1955), 31-35.

186) Cass Sunstein, *Why Societies Need Dissent*(Cambridge: Harvard University Press, 2003).

187) Steven Levitsky and Daniel Ziblastt, *How Democracies Die*(New York: Crown. 2018).

188) David Eagleman, *The Brain: the Story of You*(New York: Vintage, 2017).

참고문헌

권헌익·정병호(2013),『극장국가 북한』, 창작과비평

공자, 김학주 옮김(2001),『논어』, 서울대학교출판부.

니콜라 마키아벨리, 강정인·김경희 옮김(2012),『군주론』, 까치.

라종일(2017),『장성택의 길: 신정神政의 불온한 경계인』, 알마.

류시화(2018),『인생 우화』, 연금술사.

뤼트허르 브레흐만, 안기순 옮김(2017),『리얼리스트를 위한 유토피아 플랜:
우리가 바라는 세상을 현실에서 만드는 법』, 김영사.

마이클 샌덜, 김명철 옮김(2014),『정의란 무엇인가?』, 와이즈베리.

미셸 푸코, 오생근 옮김(2016),『감시와 처벌』, 나남.

박정훈(2017),『약자들의 전쟁법』, 어크로스.

박찬희·한순구(2005),『인생을 바꾸는 게임의 법칙』, 경문사.

버나드 마넹, 곽준현 옮김(2004),『선거는 민주적인가』, 후마니타스.

손자, 민병천 옮김(2001),『도해 손자병법』, 연경문화사.

이솝, 천병희 옮김(2013),『이솝우화』, 숲.

이영직(2002), 『란체스터의 법칙』, 청년정신.

임원빈(2005), 『이순신 병법을 논하다: 그는 군신이었다』, 신서원.

장자, 김창환 옮김(2010), 『장자 외편』, 을유문화사.

최영미(2005), 『서른 잔치는 끝났다』, 창작과비평.

클레이 서키, 송연석 옮김(2008), 『끌리고 쏠리고 들끓다』, 갤리온.

태영호(2018), 『3층 서기실의 암호』, 기파랑.

테리 번햄·제이 팰런, 박윤정 옮김(2003), 『비열한 유전자』, 너와나미디어.

토머스 프리드먼, 신동욱 옮김(2003), 『렉서스와 올리브 나무』, 창해.

피천득(1996), 『인연』, 샘터.

한병진(2007), "미국 헌정질서, 법치, 민주주의의 삼위일체: 애커만의 이중민주주의론을 중심으로." 『대한정치학회보』 14권 3호: 19-37.

한병진(2010), "한국 선거권위주의의 정치동학." 『대한정치학회보』 17권 3호: 265-286.

한병진(2015), "개인독재의 가설." 『대한정치학회보』 23권 2호: 27-46.

한병진·임석준(2014), "조정, 독재권력 형성과 변동의 미시적 기초. 『현대정치연구』 7권 1호: 142-163.

한비, 이운구 옮김(2012), 『한비자』, 한길사.

Ackerman, Bruce(1993), *We the People: Foundations*, New York: Belknap Press.

Acemoglu, Daron and James A. Robinson(2005), *Economic Origins of Dictatorship and Democracy*, Cambridge: Cambridge University Press.

Acemoglu, Daron and James A. Robinson(2013), *Why Nations Fail: The Origins of Power, Prosperity, and Poverty*. New York: Currency.

Adams, Scott(2018), *Win Bigly: Persuasion in a World Where Facts Don't Matter*, New York: Portfolio.

Akerlof, Gorge A.(1970), "The Market for 'Lemons': Quality Uncertainty and the Market Mechanism," *Quarterly Journal of Economics* 84(3): 488-500.

Alesina, Alberto and Edward L. Glaeser(2004), *Fighting Poverty in the US and Europe: A World of Difference*, Oxford: Oxford University Press.

Alesina, Alberto and Enrico Spolaore(2003), *The Size of Nations*, Cambridge: MIT Press.

Ariely, Dan(2008), *Predictably Irrational*, New York: Harper.

Ariely, Dan A and Jeff Kreisler(2017), *Dollars and Sense: How We Misthink Money and How to Spend Smarter*, New York: Harper.

Arthur, Brian W.(1994), *Increasing Returns and Path Dependence in the Economy*, Michigan, Ann Arbor: University of Michigan Press.

Asch, Solomon(1955), "Opinions and Social Pressure: Conformity Pressure," *Scientific American* 193(5): 31-35.

Axelord, Robert(1984), *The Evolution of Cooperation*, New York: Basic Books.

Barabasi, Albert-Laszlo(2018), *The Formula: The Universal Laws of Success*, New York: Little, Brown and Company.

Bates, Robert, Avner Greif and Smita Singh(2002), "Organizing Violence." *The Journal of Conflict Resolution* 46(5): 599-628.

Baumeister, Roy F., Ellen Bratslavsky, Catrin Finkenauer, Kathleen D. Vohs(2001), "Bad Is Stronger Than Good," *Review of General Psychology* 5(4): 323-370.

Berger, Jonah(2013), *Contagious: Why Things Catch on*, New York: Simon & Schuster.

Berger, Jonah(2017), *Invisible Influence: The Hidden Forces that Shape Behavior*, New York: Simon & Schuster.

Biggs, Michael(2003), "Positive Feedback in Collective Mobilization: The American Strike Wave of 1886," *Theory and Society* 32: 217-254.

Boix, Carles(2003), *Democracy and Redistribution*, Cambridge: Cambridge University Press.

Buchanan, Mark(2000), *Ubiquity: Why Catastrophes Happen*, New York: Three Rivers Press.

Bueno de Mesquita, Bruce, Alastair Smith, Randolph M. Siverson James D. Morrow(2003), *The Logic of Political Survival*, Cambridge: MIT Press.

Bueno de Mesquita, Bruce and Alastair Smith(2011), *The Dictator's Handbook: Why Bad Behavior Is Almost Always Good Politics*, New York: Public Affairs.

Burnett, Dean(2017), *Idiot Brain: What your head Is Really Up To*, New York: W. W. Norton & Company.

Charis, Christopher and Daniel Simons(2009), *The Invisible Gorilla*, New York: Broadway Paperbacks.

Chew, Michael(2001), *Rational Ritual: Culture, Coordination and Common Knowledge*, Princeton: Princeton University Press.

Christian, Brian and Tom Griffiths(2016), *Live by Algorithms: The Computer Science of Human Decisions*, New York: Henry Holt and Co.

Cialdini, Robert B.(2006), *Influence: The Psychology of Persuasion*, New York: Harper Business.

Clark, Margaret S. and Judson Mills(1979), "Interpersonal Attraction in Exchange and Communal Relationships," *Journal Of Personality and Social Psychology* 37: 12-24.

Cox, Gary(1997), *Making Vote Count*, New York: Cambridge University Press.

Darely, John and Daniel Batson(1973), "From Jerusalem to Jericho: A Study of Situational and Dispositional Variables in Helping Behavior," *Journal of Personality and Social Psychology* 27: 100-108.

Davies, James C.(1962), "Toward a Theory of Revolution," *American Sociological Review* 27(1): 5-19.

De Tocqueville, Alexis(1856), *The Old Regime and the Revolution*, New York: Harper and Brothers.

Dixit, Avinash K.(2004), *Lawlessness and Economics: Alternative Modes of Governance*, Princeton: Princeton University Press.

Dobelli, Rolf(2014), *The Art of Thinking Clearly*, New York: Harper.

Eagleman, David(2012), *Incognito: The Secret Lives of the Brain*, New York: Vintage.

Eagleman, David(2017), *The Brain: the Story of You*, New York: Vintage.

Easton, David(1965), *A Framework for Political Analysis*, Englewood Cliffs, NJ: Prentice-Hall.

Fearon, James(1995), "Rationalist Explanations for War," *International Organization* 49(3): 379-414.

Fearon, James(2011), "Self-Enforcing Democracy," *The Quarterly Journal of Economics* 126(4): 1661-1708.

Frank H., Robert(2016), *Success and Luck: Good Fortune and the Myth of Meritocracy*, Princeton: Princeton University Press.

Frank H., Robert and Philip Cook(1996), *The Winner-Take-All Society: Why the Few at the Top Get So Much More Than the Rest of Us*, New York: Penguin Books.

Gilbert, Daniel(1991), "How Mental Systems Believe," *American Psychologist* 46(2): 111-119.

Gladwell, Malcolm(2011), *Outliers*, New York: Back Bay Books.

Gladwell, Malcolm(2015), *David and Goliath: Underdogs, Misfits, and the Art of Battling Giants*. New York: Back Bay Books.

Granovetter, Mark(1978), "Threshold Models of Collective Behavior," *The American Journal of Sociology* 83(6): 1420-1443.

Grant, Adam(2016), *Originals: How Non-Conformists Move the World*, New York: Penguin Books.

Grant, Adam and Barry Schwartz(2011), "Too Much of a Good Thing: The Challenge and Opportunity of the Inverted U," *Perspectives of Psychological Science* 69(1): 61-76.

Goffman, Erving(1959), *The Presentation of Self in Everyday Life*, Norwell, MA: Anchor.

Grief, Avner(2000), *Institutions and the Path to the Modern Economy*(New York: Cambridge University Press.

Haidt, Jonathan(2006), *The Happiness Hypothesis: Finding Modern Truth in Ancient Wisdom*, New York: Basic Books.

Hale, Henry E.(2005), "Regime Cycles: Democracy, Autocracy, and Revolution in Post-Soviet Eurasia," *World Politics* 58(1): 133-165.

Hamilton, Alexander, James Madison, John Jay(2015), *The Federalist Papers: A Collection of Essays Written in Favour of the New Constitution*, Dublin, Ohio: Coventry House Publishing.

Hardin, Russell(1989), "Why a Constitution?" in Bernard Grofman and David Wittman (eds.), *The Federalist Papers and the New Institutionalism*, New York: Agathon Press.

Hardin, Russell(1996), *One for All*, Princeton: Princeton University Press.

Hart, B. H. Liddell(2009), *Strategy*, New York: BN Publishing.

Hirschleifer, Jack(2001), *The Dark Side of Force*, Cambridge: Cambridge University Press.

Hirschman, Albert(1972), *Exit, Voice and Loyalty: Responses to Decline in Firms, Organizations, and States*, Cambridge: Harvard University Press.

Hume, David(1748), *Political Essays*, New York: Cambridge University Press.

Kahan, Dan M.(1997), "Social Influence, Social Meaning, and Detterence," *Virginia Law Review* 83(2): 253-323.

Kahneman, Daniel(2011), *Thinking, Fast and Slow*, New York: Farrar, Straus and Giroux.

Kahneman, Daniel and Amos Tversky(2000), *Choices, Values, and Frames*, Cambridge: Cambridge University Press.

King, Gary, Robert Keohane, Sidney Verba(1994), *Designing Social Inquiry*, Princeton: Princeton University Press.

Kunda, Ziva(1999), *Social Cognition: Making Sense of People*, Cambridge: MIT Press.

Kuran, Timor(1991), "Now Out of Never: The Element of Surprise in the East Revolution of 1989," *World Politics* 44(1): 7-48.

Kuran, Timor(1995), *Private Truths, Public Lies*, Cambridge: Harvard University Press.

Kurzban, Robert(2010), *Why Everyone (else) Is a Hypocrite*, Princeton: Princeton University Press.

Kurzman, Charles(2004), *The Unthinkable Revolution*, Cambridge: Harvard University Press.

Lakoff, George(2004), *Don't Think of an Elephant!: Know Your Values and Frame the Debate-The Essential Guide for Progressive*, Chelsea Green Publishing.

Latane, Bibb and John Darley(1968), "Group Inhibition of Bystander Intervention in Emergencies," *Journal of Personality &Social Psychology* 10(3), 215-221.

Leeson, Peter T.(2011), *The Invisible Hook: The Hidden Economics of Pirates*,

Princeton: Princeton University Press.

Levitin, Daniel J.(2016), *Weaponized Lies: How to Think Critically in the Post-Truth Era*, New York: Dutton.

Levitsky, Steven and Daniel Ziblastt(2018), *How Democracies Die*, New York: Crown.

Levitt, Steven and Stephen Dubner(2015), *Think Like a Freak*, New York: William Morrow.

Lewis, David(1969), *Convention*, Cambridge: Harvard University Press.

Linz, Juan J. and Alfred Stepan(1996), *Problems of Democratic Transition and Consolidation: Southern Europe, South America, and Post-Communist Europe*, Baltimore, Maryland: Johns Hopkins University Press.

Magaloni, Beatriz(2009), *Voting for Autocracy*, Cambridge: Cambridge University Press.

Manson, Mark(2016), *The Subtle Art of Not Giving a F*ck: A Counterintuitive Approach to Living a A Good Life*, New York: Harper.

Mauboussin, Michael(2012), *The Success Equation: Untangling Skill and Luck in Business, Sports, and Investing*, Cambridge: Harvard University Press.

Merton, Robert(1968), "The Matthew Effect in Science: The Reward and Communication Systems of Science Are Considered," *Science* 159(3810): 56-63.

Miller, Dale T., Benoit Monin, and Deborah A. Prentice(2000), "Pluralistic Ignorance and Inconsistency Between Private Attitudes and Public Behaviors," in Deborah Terry(ed.). *Attitudes, Behavior, and Social Context: The Role of Norms and Group Membership*, Mahwah, NJ: Lawrence Erlbaum Associates, 95-115.

Mlodinow. Leonard(2009), *The Drunkard's Walk: How Randomness Rules Our Lives*, New York: Vintage.

Murphy, Kevin. M, Andrei Shleifer, and Robert W. Vishny(1991), "The Allocation of Talent: Implications for Growth," *Quarterly Journal of Economics* 106 (2): 503-530.

Murphy, Kevin, Andrei Shleifer, and Robert Vishny(1992), "The Transition to a Market Economy: Pitfalls of Partial Reform," *Quarterly Journal of Economics*

107(3): 889-906.

Myers, David(2012), *Social Psychology*, New York: McGraw-Hill Education.

Myerson, Roger B.(2008), "The Autocrat's Credibility Problem and Foundations of the Constitutional State," *American Political Science Review* 102(1): 125-139.

Myerson. Roger(2009), "Learning from Schelling's Strategy of Conflict," *Journal of Economic Literature* 47(4): 1109-1125.

Nahirny, Vladimir(1962), "Some Observations on Ideological Groups," *Journal of American Sociology* 67(4): 397-405.

Nisbett, Richard E.(2004), *The Geography of Thought: How Asians and Westerners Think Differently ... and Why*, New York: Free Press.

North, Douglas(1990), *Institutions, Institutional Change and Economic Performance*, Cambridge: Cambridge University Press.

North, Douglass and Barry Weingast(1989), "Constitutions and Commitment: The Evolution of Institutions Governing Public Choice in Seventeenth-Century England," *Journal of Economic History* 49(4): 803-832.

Oliver, Pamela, Gerald Marwell, Ruy Teixeira(1985), "A Theory of the Critical Mass. I. Interdependence, Group Heterogeneity, and the Production of Collective Action," *The American Journal of Sociology* 91(3): 522-556.

Olson, Mancur(1984), *The Rise and Decline of Nations: Economic Growth, Stagflation, and Social Rigidities*, Connecticut: Yale University Press.

Olson, Macur(1993), "Dictatorship, Democracy, and Development," *The American Political Science Review* 87(3): 567-576.

Page, Scott(2018), *The Model Thinker: What You Need to Know to Make Data Work for You*, New York: Basic Books.

Pape, Robert(2006), *Dying to Win: The Strategic Logic of Suicide Terrorism*, New York: Random House.

Pierson, Paul(2000), "Increasing Returns, Path Dependence, and the Study of Politics," *American Political Science Review* 94(2): 251-267.

Pinker, Steven(2008), *Stuff of Thought: Language as a Window into Human Nature*, New York: Penguin Books.

Pinker, Steven, Martin Nowak, James Lee(2008), "The Logic of Indirect Speech," *PNAS* 105(3): 833-838.

Pinker, Steven(2012), *The Better Angels of Our Nature: Why Violence Has Declined*, New York: Penguin Books.

Popovic, Srdja(2015), *Blueprint for Revolution: How to Use Rice Pudding, LegoMen, and Other Nonviolent Techniques to Galvanize Communities, Overthrow Dictators, or Simply Change the World*, New York: Spiegel & Grau.

Puett, Michael and Christine Gross-Loh(2016), *The Path: What Chinese Philosophers Can Teach Us about the Good Life*, New York: Simon & Schuster.

Raghunathan, Raj(2016), *If You're So Smart, Why Aren't You Happy?* New York: Portfolio.

Reno, William(2002), "Mafiya Troubles, Warlord Crises," In Mark R. Bessinger and Crawford Young(eds.), *Beyond State Crisis*. Washington, D.C.: Woodrow Wilson Center Press.

Roeder, Philip G.(1993), *Red Sunset: the Failure of Soviet Politics*, Princeton: Princeton University Press.

Roland, Gérard(2004), *Transition and Economics: Politics, Markets, and Firms*, Cambridge: The MIT Press.

Rosen, Sherwin(1981), "Economics of Superstars," *The American Economic Review* 71(5): 845-858.

Rosling, Hans, Anna Rosling Ronnlund, and Ola Rosling(2018), *Factfulness: Ten Reasons We're Wrong About the World and Why Things Are Better Than You Think*, New York: Flatiron Books.

Ross, Lee and Richard Nisbett(2011), *The Person and Situation*, New York: Pinter and Martin Ltd.

Sageman, Marc(2008), *Leaderless Jihad*, Pennsylvania: University of Pennsylvania Press.

Salganik, Matthew J., Peter Sheridan Dodds, and Duncan J. Watts(2006), "Experimental Study of Inequality and Unpredictability in an Artificial Cultural Market," *Science* 311(5762): 854-856.

Schattschneider, Elmer E.(1975), *The Semisovereign People: A Realist's View of Democracy in America*, Belmont, California: Wadsworth Publishing.

Schelling, Thomas(1960), *The Strategy of Conflict*, Cambridge: Harvard University Press.

Schelling, Thomas(1978), *Micromotives and Macrobehavior*, New York: W.W. Norton and Company.

Schelling, Thomas(2008). *Arms and Influence: With a New Preface and Afterword*, New Haven: Yale University Press.

Shermer, Michael(2012), *The Believing Brain: From Ghosts and Gods to Politics and Conspiracies: How We Construct Beliefs and Reinforce Them as Truths*, New York: St. Martin's Griffin.

Shleifer, Andrei, and Robert W. Vishny(1993), "Corruption," *Quarterly Journal of Economics* 108 (3): 599-617.

Sinek, Simon(2011), *Start with Why: How Great Leaders Inspire Everyone to Take Action*, New York: Portfolio.

Skaperdas, Stergios(2006), "Anarchy," in Barry Weingast and Donald Wittman(eds.), *The Oxford Handbook of Political Economy*, Oxford: Oxford University Press.

Solnick, Steven(1998), *Stealing the State: Control and Collapse of Soviet Institutions*, Cambridge: Harvard University Press.

Stephens-Davidowitz, Seth(2017), *Everybody Lies: Big Data, New Data, and What the Internet Can Tell Us About Who We Really Are*, New York: Dey Street Books.

Strom, Kaare(1990), "A Behavioral Theory of Competitive Political Parties," *American Journal of Political Science* 34(2): 565-598.

Sunstein, Cass(2003), *Why Societies Need Dissent*, Cambridge: Harvard University Press.

Sunstein, Cass(2009), *Going to Extremes: How Like Minds Unite and Divide*, New York: Oxford University Press.

Sunstein, Cass(2019), *Conformity: The Power of Social Influences*, New York: NYU Press.

Sutherland, Rory(2019), *Alchemy: The Dark Art and Curious Science of Creating Magic in Brands, Business, and Life*, New York: William Morrow.

Svolik, Milan W.(2012), *The Politics of Authoritarian Rule*, Cambridge: Cambridge University Press.

Taleb, Nassim(2007), *The Black Swan: The Impact of the Highly Improbable*, New York: Random House.

Thaler, Richard H.(2015), *Misbehaving: The Making of Behavioral Economics*. New York: W.W. Norton & Company.

Thaler, Richard and Cass Sunstein(2008), *Nudge: Improving Decisions about Health and Wealth, and Happiness*, Connecticut: Yale University Press.

Thomas, Kyle A., Peter DeScioli, Omar Sultan Haque, and Steven Pinker(2014), "The Psychology of Coordination and Common Knowledge," *Journal of Personality and Social Psychology* 107 (4):657-676.

Tiebout, Charles, M.(1956), "A Pure Theory of Local Expenditures," *The Journal of Political Economy* 64(5): 416-424.

Tilly, Charles(1978), *From Mobilization to Revolution*, Reading, MA: Addision-Wesley.

Tullock, Gordon(1987), *Autocracy*, Boston: Kluwer Academic Publish.

Weber, Max(1946), "Politics as Vocation." in H.H. Gerth and C. Wright Mills(Translated and edited), *From Max Weber: Essays in Sociology*, New York: Oxford University Press.

Weingast, Barry(1997), "The Foundations of Democracy and Rule of Law," *American Political Science Review* 91(2): 245-263.

Wheelan, Charles(2014), *Naked Statistics: Stripping the Dread from the Data*, New York: W. W & Norton.

Wintrobe, Ronald(1998), *The Political Economy of Dictatorship*, Cambridge: Cambridge University Press.

Zimbardo, Philip(2007), *The Lucifer Effect*, New York: Random House.